# super Nanny

Remerciements :
Toutes les familles qui nous ont consacré du temps et qui ont accepté de participer à l'émission.

Directeur : Stephen Bateman (Hachette Pratique) / Caroline Facy (M6 Éditions)

Directeur éditorial : Pierre-Jean Furet

Édition : Anne Vallet et Caroline Rolland / Stéphanie Pelleray
assistée de Jonathan Cassaigne (M6 Éditions).

Secrétariat d'édition : Chloé Chauveau et Mélanie Le Neillon

Fabrication : Amélie Latsch

Conception graphique et réalisation : Guylaine Moi

Couverture : Guylaine Moi



Crédits photographiques :
© M6/Pascalito : couverture, pp. 3, 8, 14, 18, 22, 26, 30, 34, 42, 46, 50, 54, 58, 62, 70, 74, 78, 82, 86, 90, 94, 98, 102, 106, 114, 118, 122, 126, 130, 134, 138, 142, 150, 154, 158, 162, 166, 170, 174, 178, 182, 190, 194, 198, 202, 206, 210.
© M6/Pierre Olivier : couverture, pp. 17, 19, 21, 23, 25, 27, 29, 31, 33, 35, 45, 47, 49, 51, 53, 55, 57, 59, 61, 63, 73, 75, 77, 79, 81, 83, 85, 87, 89, 91, 97, 99, 101, 103, 105, 107, 117, 119, 121, 123, 125, 127, 133, 135, 137, 139, 141, 143, 153, 155, 157, 159, 161, 163, 165, 167, 173, 175, 177, 179, 181, 183, 193, 195, 197, 199, 205, 207, 209, 211, 224, 4e de couverture.

# super Nanny

Cathy

avec la collaboration
de Juliette Rocher

M6 EDITIONS HACHETTE
*Pratique*

# sommaire

PICTO VERT
Problème classique, non pathologique.

PICTO ORANGE
Situation intermédiaire, à rectifier rapidement.

PICTO ROUGE
La situation est préoccupante et doit être rectifiée très rapidement.

# préface

Depuis plus d'un an que Super Nanny existe, j'ai épaulé une vingtaine de familles dans cette mission difficile qu'est l'éducation des enfants. Un an et demi de rencontres, de joies, de pincements au cœur parfois aussi. Le moment où je dois quitter les personnes dont j'ai partagé la vie pendant deux semaines est par définition un passage délicat à assumer. Mais à mes yeux, mon métier a toujours été et sera toujours strictement défini : il consiste avant tout à aider les familles en manque de repères éducatifs. C'est d'ailleurs pour cette raison que l'idée d'un livre s'est naturellement imposée. Éduquer un enfant, c'est en effet se trouver à un moment ou à un autre confronté à certaines difficultés, petites et grandes. Pour mieux aider les parents qui liront ce livre, chaque chapitre est donc consacré à un aspect particulier de la vie de famille et aux problèmes qui y sont liés : le sommeil, les repas, l'école, le rapport aux adultes, etc.

Les familles que j'ai aidées le savent par expérience : il suffit d'appliquer les règles éducatives de base avec fermeté et constance pour que les choses rentrent dans l'ordre. Ce qui ne veut pas dire que la tâche soit toujours facile ! Mais pour l'essentiel, il s'agit avant tout de faire confiance au bon sens et de se fonder sur quelques principes fondamentaux, énoncés dans ce livre : ce sont les adultes qui décident de la vie familiale au quotidien, l'autorité fait partie intégrante de l'éducation, être un bon parent ne consiste pas à sacrifier sa vie d'adulte à ses enfants, etc. Il n'y a là selon moi rien d'impossible à mettre en œuvre.

Lorsque j'ai accepté les missions Super Nanny, c'était dans l'objectif avoué que les parents puissent prendre leurs responsabilités après mon passage chez eux : je les assiste au cours d'une période donnée, pendant laquelle ils peuvent constater que mes conseils fonctionnent. Ensuite, lorsque je ne suis plus là, il leur faut continuer à mettre en œuvre les règles que je leur ai indiquées. Après tout, que je sois présente ou non, celles-ci restent toujours valables ! Évidemment, leurs enfants ne manquent pas de les mettre à l'épreuve et de tester leur motivation... Mais il n'y a aucune raison que les parents changent de cap pour retourner à ce qu'ils ont quitté. C'est exactement dans cet esprit que j'ai écrit ce livre, conçu à la fois comme un complément à l'émission et comme un guide pratique. Je le considère comme un aide-mémoire, destiné aussi bien aux parents que j'ai rencontrés qu'à tous les autres, dépassés ou non par l'éducation de leurs enfants. Identifier ce qui ne va pas et adopter de nouveaux comportements pour que les choses changent, le principe reste le même que celui de l'émission. Mis à part qu'un livre est toujours disponible, et toujours à portée de main !

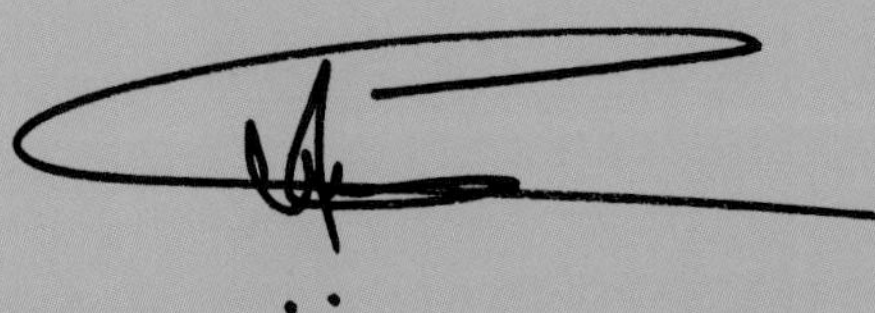

# Les commandements de Super Nanny

- Lorsque vous dites non, **soyez entièrement convaincu de votre bon droit.** Un « non » énoncé avec culpabilité n'a aucune efficacité.

- Lorsque vous leur expliquez ce que vous attendez d'eux, lorsque vous leur dites non, lorsque vous vous opposez à leur comportement, mettez-vous à leur hauteur, **captez leur regard et regardez-les toujours droit dans les yeux.** Il n'est pas question qu'ils regardent ailleurs pendant que vous leur dites des choses importantes pour leur éducation. Ils doivent impérativement vous écouter et vous regarder pour bien comprendre que vous ne parlez pas « en l'air ».

- **Soyez clair et concis dans vos explications.** Ne tombez pas dans le piège de la justification sans fin. Une fois que vous avez dit ce qu'il y avait à dire, il n'y a pas à revenir dessus.

**Ne répétez jamais plus de trois fois une chose à un enfant lorsque vous lui dites non** et que vous lui interdisez un comportement : si vous continuez à répéter, vous admettez implicitement qu'il n'obéira pas. S'il persiste à ne pas vous obéir, sanctionnez-le (en lui demandant d'aller dans sa chambre, par exemple).

En tant que couple, **soyez en accord sur la question de l'éducation des enfants...** au moins lorsque vous êtes en présence de ces derniers. Il faut absolument éviter de contredire votre conjoint qui vient de gronder le petit dernier, même si vous n'êtes pas d'accord. Vous pourrez en discuter ensemble lorsque vous serez seuls.

**N'entrez pas dans la négociation et ne leur laissez pas croire que vous pouvez changer d'avis :** lorsque vous leur dites non, c'est non, quelles que soient les bonnes raisons qu'ils avancent pour vous faire céder. Si vous changez d'avis, c'est uniquement parce que vous l'avez décidé.

**Sanctionnez toujours « à chaud » : la punition doit être une réponse immédiate** à un comportement insupportable. Cela n'a aucun sens de punir un enfant pour une bêtise qu'il a faite la veille.

**Ne sanctionnez que lorsque l'enfant a délibérément mal agi.**

**Marquez très fermement votre réprobation** quand vous n'êtes pas satisfait de leur attitude ou que vous les sanctionnez : sourcils froncés, haussement de ton, chacun sa façon de marquer clairement son mécontentement.

**Isoler un enfant est un bon moyen de le sanctionner.** Il n'est pas question que quiconque reste près de lui le temps de la punition.

**C'est uniquement celui qui punit qui peut décider de lever la punition.**

**Félicitez toujours l'enfant lorsqu'il se conduit bien.**

**N'oubliez jamais : en tant qu'adulte, vous êtes le seul apte à décider de la vie familiale au quotidien.** C'est vous et vous seul qui êtes à la barre pour diriger le bateau... C'est la condition *sine qua non* pour que vos petits profitent vraiment de leur enfance !

Principe de base n° 1

# admettez que ça ne va pas toujours

➜ Là réside sans doute la difficulté. Les parents qui ont du mal avec leurs enfants vivent en effet cette situation comme une anomalie dont ils ont honte.

Pire encore, on pourrait les soupçonner d'avoir eux-mêmes de lourds problèmes « psy » : rendez-vous compte, ils sont complètement dépassés par des petits hauts comme trois pommes, dont certains ont à peine deux ans ! Plutôt que d'admettre la réalité des difficultés qu'ils traversent, ils préfèrent donc se dire que tout va très bien et que les tensions que vit la famille au quotidien sont tout à fait normales. Pour le dire clairement, ils choisissent de se voiler la face. Ce n'est pas la bonne option, pour une raison très simple : nier l'existence d'un problème empêche que celui-ci puisse un jour être résolu.

## 1. Reconnaissez les difficultés

Pour que la situation puisse évoluer dans le bon sens, il faut au départ admettre avec honnêteté qu'il y a effectivement des difficultés au sein de la famille. C'est la condition nécessaire au changement. Sans cela, rien ne sera jamais possible. En admettant cette réalité, vous faites preuve de maturité et de bon sens ; et surtout, vous préparez le terrain pour que les choses changent. En d'autres termes, vous montrez déjà que vous êtes de bons parents, prêts à admettre leurs failles !

## 2. Évaluez l'ambiance familiale

Fiez-vous à vos propres impressions avant de vous dire que tout cela n'est pas bien grave et qu'avoir des enfants implique nécessairement quelques sacrifices. L'angoisse et le stress ne doivent pas faire partie de la vie familiale au quotidien. Il n'est pas normal de vous sentir constamment débordé par vos enfants, par leurs caprices et par leurs « crises ». Souvent, les parents qui se trouvent dans cette situation ne savent plus très bien ce qui est normal ou pas. Ils s'énervent de manière exagérée pour des choses sans importance ; en même temps, ils sont capables de subir sans broncher des comportements inadmissibles de la part de leurs enfants. Autant dire que la cohérence n'est pas au rendez-vous ! Avant de réagir, il est nécessaire d'avoir conscience que quelque chose « cloche ». Il faut pour cela pouvoir identifier ce qui n'est pas

# pas de fausse honte

Dites-vous bien que l'éducation d'un enfant n'est pas une tâche facile. Extrêmement rares sont ceux et celles qui y parviennent sans commettre d'erreurs et de faux pas. N'ayez pas de fausse honte à reconnaître que, oui, vos enfants posent problème et que vous ne savez pas comment faire face.

supportable. Pour vous aider, voici quelques indices qui vous permettront d'évaluer la situation familiale.

## 3. Il n'est pas supportable...

- De vous sentir constamment dépassé par votre progéniture.
- D'organiser la vie de la famille en fonction des problèmes de comportement ou des réactions supposées de vos enfants.
- D'appréhender de passer une journée en famille.
- De renoncer à des activités que vous pourriez tout à fait continuer à pratiquer si vos enfants avaient une autre façon de se comporter.
- De réaménager la maison à cause du comportement de vos enfants : par exemple, d'abandonner la chambre conjugale à l'un d'entre eux en espérant que cela fera enfin cesser les continuelles disputes entre frères et sœurs.
- De vivre dans une ambiance perpétuelle de stress et d'angoisse.
- Que l'ambiance sonore de la maison soit essentiellement constituée de cris et de hurlements.
- Qu'un repas sur deux se termine en crise.
- Que les moments qui devraient être privilégiés, comme le bain ou le coucher,

soient toujours des moments pénibles, que vous en venez à redouter.
- Que les moments passés avec vos enfants soient pour vous synonymes d'angoisse et de crises, et non de partage et de plaisir.

## 4. N'ayez pas peur de vous faire aider

Reconnaître que ça ne va pas est la première étape vers le changement, le premier pas indispensable et nécessaire. Il faut ensuite identifier clairement les causes des difficultés rencontrées. Or, pour cela, un regard extérieur est souvent bienvenu. Faites donc confiance à ce que vous disent vos amis, les instituteurs de vos enfants, votre famille. Même si leur vision des choses ne vous fait pas plaisir, elle peut être pertinente. Ce n'est qu'après avoir analysé avec une aide extérieure les raisons du problème que vous pourrez espérer un changement.

## RÉSUMÉ

- Il est insupportable que des adultes soient soumis à la dictature de leurs enfants. **Les enfants ne doivent en aucun cas faire la loi au sein de la famille.**
- C'est aux adultes de décider de ce qui doit être fait. Ce sont eux qui dirigent la vie familiale, et non les enfants.

# au lit !

# Il fait le pitre au moment d'aller au lit

Théo est un petit garçon de deux ans qui, chaque soir, transforme la maison familiale en champ de bataille plutôt que d'aller se coucher.

## Comment ça se passe

Dès le début du repas, Théo s'agite, se met à faire le clown, à rire très fort. Une fois le dîner terminé, il est dans un état d'excitation avancé : il veut jouer et il court partout, poursuivi par ses parents qui tentent de lui enfiler son pyjama. Ils prennent les choses comme un jeu, espérant ainsi amener leur fils à se coucher sans s'opposer ouvertement à lui. En réalité, la tension monte des deux côtés, et la course-poursuite qui se répète chaque soir est angoissante pour tout le monde : Christophe et Amélie, les parents, n'ont aucune maîtrise de la situation, et Théo, pris dans son excitation, ne peut en sortir. Cette spirale infernale se résout dans les cris et les pleurs. Lorsque ses parents arrivent à attraper Théo et à le mettre au lit, il en ressort aussitôt et entend rejouer à « cours-moi après si tu peux ». La scène peut se répéter plusieurs fois par soirée, jusqu'à épuisement.

## Les conséquences sur la vie de famille

Les parents, Christophe et Amélie, en arrivent à redouter l'heure du coucher de leur fils. Ce moment, qui devrait être synonyme de repos et de calme retrouvé, prend ici des allures de grand guignol. La famille est d'autant plus crispée que Christophe doit se lever très tôt pour aller travailler : ses heures de sommeil sont essentielles, et il aimerait passer ses soirées à autre chose qu'à courir après son fils dans toute la maison.

## En quoi ce n'est pas normal

Il n'est pas normal que ce moment, qui devrait être un moment privilégié, soit tellement chargé de tension. Il n'est pas non plus supportable de laisser la vie familiale subir les crises d'un enfant de deux ans. Les adultes doivent donc impérativement retrouver la maîtrise de la situation au lieu de la subir.

## Le but visé

**Après le repas, le rituel du coucher peut commencer : l'enfant est mis en pyjama, on lui fait un câlin, on lui lit une histoire, on le laisse tranquillement dans son lit et on éteint la lumière ! Quel que soit le rituel, le coucher doit être vécu dans le calme et la sérénité, aussi bien par les parents que par l'enfant. Il n'y a aucune raison valable pour que ce moment devienne chaque soir une guerre des nerfs épuisante pour tous.**

## Le diagnostic de super Nanny

Que Théo redoute le moment de se coucher est compréhensible. Le sommeil signifie qu'il va devoir se séparer de ses parents le temps de la nuit : les enfants sont parfois angoissés par cette séparation. En revanche, l'attitude de ses parents est beaucoup moins compréhensible : au lieu de prendre les choses en main, ils entrent dans le jeu de leur fils, faisant monter l'angoisse et participant à une situation de stress intense qu'ils prétendent éviter en ne mettant pas fin à ces courses-poursuites.

## Les consignes de super Nanny aux parents

✔ Annoncer à l'avance le moment du coucher. Mettre Théo en pyjama après le dîner et lui dire qu'à la fin du repas il pourra jouer tranquillement dans sa chambre pendant un petit quart d'heure avant d'aller au lit.

✔ Lui dire que tout le monde a besoin de dormir, et qu'il retrouvera son papa et sa maman le lendemain matin.

✔ Les parents, au lieu de le poursuivre à deux, s'en occuperont individuellement pour le coucher : un jour l'un, l'autre le jour suivant.

✔ Si Théo commence à faire le pitre, s'y opposer fermement... sans lui courir après. L'isoler dans sa chambre en supprimant le quart d'heure de jeu prévu s'il s'agite.

## La clé du changement

Ce sont les parents qui décident de l'heure et du déroulement du coucher, et non pas l'enfant.

# Les objectifs

## Pour les parents

- ✓ Arriver à dédramatiser le moment du coucher.
- ✓ Ne pas faire semblant de jouer avec Théo pour faire passer la pilule, mais lui faire comprendre que ce sont eux qui décident du moment et du déroulement du coucher.

## Pour Théo

- ✓ Aller au lit calmement.

## Ce qu'il faut absolument éviter

Entrer dans le jeu de l'enfant et faire de la surenchère dans l'excitation. On ne joue pas à se courir après à huit heures du soir.

## Que faire s'il continue...

Le changement ne se fait pas en une fois : Théo essaiera bien sûr de revenir à son ancien mode de fonctionnement. C'est donc à ses parents de faire en sorte que ce petit jeu ne soit plus possible. Respecter toujours le même rituel et les mêmes horaires. La régularité rassure et désangoisse l'enfant. Pas de panique si Théo essaie d'inverser la vapeur et de refaire comme avant. Ses parents doivent toujours rester fermes et convaincus du bien-fondé de leur comportement.

# Elle ne peut s'endormir seule

Marine a cinq ans. Ses parents passent chaque soir des heures à lui tenir la main pour qu'elle s'endorme. Le plus souvent, ils finissent par s'endormir avant elle, dans son lit.

## Comment ça se passe

Marine ne veut jamais aller se coucher. Elle tient sur les nerfs pendant la soirée. Le moment du coucher est donc sans cesse retardé : elle a toujours mieux à faire que d'aller au lit. Finalement, comme l'heure devient vraiment tardive, les parents prétendent qu'ils vont eux-mêmes se coucher, juste pour que leur fille en fasse autant. Celle-ci n'est toujours pas en pyjama. Elle ne consent à se déshabiller que lorsqu'elle voit ses parents prêts à aller au lit. Un des deux se dévoue et lui lit une histoire, puis deux, puis trois : dès qu'il ou elle ferme le livre, Marine commence à crier et à s'accrocher à son bras. Son père, ou sa mère, doit donc rester près d'elle, allongé(e), en lui tenant la main, jusqu'à ce qu'elle s'endorme.

## Les conséquences sur la vie de famille

Les parents de Marine peuvent faire une croix sur leur intimité et sur leur vie sociale. Ils se consacrent à leur fille jusqu'à minuit, et ne peuvent plus rien faire tous les deux. Vu la façon dont le coucher se déroule, pas question de confier Marine à une baby-sitter le temps d'une soirée ou d'inviter des amis qui passeraient leur dîner à attendre que la petite s'endorme.

## En quoi ce n'est pas normal

Les parents n'ont pas conscience que la situation est anormale : ils pensent qu'il faut attendre que Marine soit vraiment fatiguée pour la mettre au lit. Chaque soirée depuis cinq ans est consacrée à Marine, et leur vie de couple est totalement sacrifiée.

# Le but visé

**Le dîner terminé, l'enfant va se laver les mains et les dents. Il peut ensuite jouer pendant un quart d'heure avant d'aller au lit. À une heure définie à l'avance, l'adulte chargé du coucher le met au lit, lui lit une histoire, puis lui fait un câlin et éteint la lumière, en laissant éventuellement une veilleuse ou la porte ouverte pour le rassurer.**

## Le diagnostic de super Nanny

Ce n'est pas à une petite fille de cinq ans de décider de l'heure à laquelle elle se couche et de comment elle doit s'endormir. Dans cette famille, les parents sont quasiment esclaves de leur fille le temps de la soirée, qui se prolonge fort tard. Ils ne peuvent pas du tout profiter de ce moment pour se retrouver, pour se détendre ou pour recevoir des amis. Ils se mettent eux-mêmes dans une situation où ils sont comme pris en otages, attendant passivement qu'elle daigne s'endormir.

## Les consignes de super Nanny aux parents

✔ Annoncer à Marine que, désormais, ses parents ne passeront plus la soirée à lui tenir la main. Elle est assez grande pour pouvoir s'endormir seule.

✔ Lui annoncer également le déroulement et les horaires de la soirée : dîner, lavage des dents, mise en pyjama, lecture, câlin, extinction des feux, départ de papa ou de maman... qui ne resteront pas !

✔ Appliquer à la lettre ce programme.

✔ Surtout, les parents ne doivent pas rester allongés près d'elle une fois l'histoire terminée. Ils doivent être très décidés et sortir de sa chambre.

## La clé du changement

Rester extrêmement fermes, quelles que soient les réactions de leur fille : Marine doit apprendre à s'endormir seule. Leur vie de couple et d'adulte en dépend.

# Les objectifs

## Pour les parents

✓ Prendre en main l'organisation de leurs soirées.
✓ Décider eux-mêmes du moment où se couche leur fille.
✓ Ne pas céder au chantage de celle-ci.

## Pour Marine

✓ Arriver à s'endormir toute seule, comme une grande fille.

### Ce qu'il faut absolument éviter

• Les faux départs suivis d'un retour dans la chambre de Marine dès que celle-ci commence à crier.

• Justifier le refus de l'enfant d'aller se coucher en disant que c'est parce qu'elle est « du soir » : un enfant se couche quand ses parents lui disent de le faire, même s'il ne s'endort pas immédiatement.

### Que faire si elle continue...

Marine aura du mal à accepter ce changement. Elle va probablement tout tenter pour faire venir ses parents dans sa chambre. Ceux-ci ne devront pas céder, sous peine de réamorcer le cercle infernal qu'ils essaient de briser. Ils devront rester calmes et très décidés : non, ils ne resteront pas avec elle. Si elle sort de sa chambre, ils devront l'y ramener fermement, en réexpliquant qu'il est l'heure de dormir. Un enfant abandonne un comportement quand il constate que les adultes en face de lui sont convaincus de ce qu'ils font.

# Le coucher dure des heures

Élina, quatre ans, n'arrive pas à s'endormir sans mettre toute la famille sur le pied de guerre. Entre derniers bisous, hurlements, crises de pleurs et changements de chambre, le coucher dure des heures.

## Comment ça se passe

Élina ne veut pas aller se coucher au moment où on le lui demande. Ou alors si, mais pas dans sa chambre, dans celle de sa grande sœur, qui doit donc accepter de quitter sa propre chambre. Paul, le père, s'oppose à cette demande, mais Annie, la mère, l'envoie sur les roses en disant qu'il vaut mieux respecter le sommeil d'Élina. Le problème n'est pas résolu pour autant : Élina exige maintenant que sa mère reste avec elle après le câlin. Dès qu'elle fait mine de s'éloigner, la petite hurle, et Annie retourne dans la chambre pour un dernier bisou, puis pour un verre d'eau, un autre câlin, un autre dernier bisou, écouter un secret... Bref, à plus de onze heures du soir, Annie fait encore des allers et retours entre le salon et la chambre où se trouve Élina.

### Les conséquences sur la vie de famille

Toute la famille est soumise aux caprices d'Élina : sa sœur, qui est régulièrement privée de sa propre chambre et ses parents, qui sont obligés de sacrifier leur soirée pour répondre à ses très nombreuses demandes. Le coucher d'Élina devient un moment de tension qui dure beaucoup trop longtemps et fatigue tout le monde... elle y compris.

### En quoi ce n'est pas normal

Un enfant doit s'endormir dans sa chambre, dans son lit, seul, une fois le rituel de l'histoire et du câlin terminé. Il n'a pas à rappeler sa mère sous tous les prétextes possibles, même s'il ne s'endort pas tout de suite.

## Le but visé

**Le coucher doit être un moment où les parents et l'enfant se séparent sereinement pour la nuit, sans angoisse, sans cris et sans rappels incessants.**

## Le diagnostic de Super Nanny

Les parents d'Élina, et surtout sa maman, compliquent encore la situation par leurs réactions. En acceptant le changement de chambre que réclame sa fille, Annie décrédibilise la parole de son mari, qui veut – à juste titre ! – que la petite passe la nuit dans sa propre chambre. Elle passe outre son avis devant les enfants. Par ailleurs, elle réagit presque par avance aux appels de sa fille. On dirait même qu'elle les attend avec une certaine impatience. Elle entretient les caprices de sa fille en allant systématiquement la voir, tout en prétendant que « cette fois, c'est vraiment la dernière ! ».

## Les consignes de Super Nanny aux parents

✔ Élina doit dormir dans sa chambre à elle, indépendamment de ce qu'elle réclame. Elle sera prévenue de cette nouveauté, que ses parents lui expliqueront en lui disant que chacun dort dans SA chambre.

✔ Son père ira la coucher une fois sur deux, sans que la mère intervienne.

✔ Les parents ne s'opposeront pas l'un à l'autre devant les enfants, lorsqu'il sera question d'éducation du moins.

✔ Une fois au lit, une fois qu'on lui a lu son histoire et qu'on lui a fait un bisou, Élina ne doit pas revoir ses parents, même si elle les appelle.

✔ Si elle sort de sa chambre, son père doit l'y ramener fermement.

## La clé du changement

Les parents doivent être bien décidés à ce que les choses changent et ne répondre ni aux demandes d'Élina (dormir ailleurs que dans son lit) ni à ses appels.

# Les objectifs

## Pour la mère

- ✔ Ne pas décrédibiliser son mari aux yeux des enfants.
- ✔ Résister à la tentation de toujours répondre à sa fille.
- ✔ S'occuper du coucher de son autre fille et lui consacrer aussi un peu de temps, en lui lisant une histoire.

## Pour le père

- ✔ S'occuper davantage de ce moment avec sa fille.
- ✔ Faire respecter ses idées éducatives au sein de la famille.

## Pour Élina

- ✔ Arriver à s'endormir tranquillement dans sa chambre sans déranger toute la famille.

## Pour sa sœur

- ✔ Récupérer définitivement sa chambre et sa place dans la famille.

## Ce qu'il faut absolument éviter

• Toutes les fausses promesses, comme dire « c'est la dernière fois que je viens te voir, après c'est fini », et faire exactement le contraire. Ce genre d'attitude décrédibilise tout ce que l'adulte peut annoncer. Il faut faire ce que l'on dit, et dire ce que l'on fait.

• Les fausses menaces, du type : « Le loup va venir te chercher si tu ne restes pas dans ta chambre. » Jouer sur l'angoisse et la peur n'est pas une méthode éducative valable.

## Que faire si elle continue...

Si Élina crie, ce qu'elle risque de faire, il faut la laisser crier sans intervenir. Il faudra aussi lui rappeler autant de fois que nécessaire que le moment du coucher se déroulera désormais comme les adultes l'ont décidé.

# Jamais dans son lit !

Sophie, six ans, se glisse toutes les nuits dans le lit de sa mère. Celle-ci ne sait pas comment réagir face à ce comportement, apparu après sa séparation d'avec le père des enfants.

## Comment ça se passe

Sophie, qui n'aime pas aller au lit, se met à hurler au milieu de la nuit. Pour ne pas réveiller les voisins et son frère, Martine, la maman, la prend avec elle dans son lit. C'est apparemment la seule façon de calmer la petite fille. Une fois celle-ci de nouveau endormie, elle la porte jusqu'à sa chambre. Au matin, elle se rend compte que sa fille est revenue dans son lit à elle.

## Les conséquences sur la vie de famille

Les nuits de la famille ne sont pas sereines. Même si Martine n'est pas réveillée par sa fille lorsque celle-ci vient dans son lit, elle n'apprécie pas de la retrouver là pratiquement chaque matin. Les nuits où Sophie l'a réveillée en hurlant, elle commence ses journées de travail fatiguée. En outre, elle se dit que le jour où elle rencontrera de nouveau quelqu'un (elle est divorcée depuis plus d'un an), l'attitude de Sophie risque fort de poser problème.

## En quoi ce n'est pas normal

Chacun doit dormir dans son lit, ce qui permet notamment de préserver l'intimité des parents et leur vie de couple ; même s'ils ne sont pas en couple pour le moment, ils ne sont pas destinés à rester célibataires toute leur vie. La fatigue et le stress qui sont liés aux problèmes de sommeil de Sophie pèsent sur toute la famille. Son frère et sa mère sont fatigués avant même de commencer la journée.

## Le but visé

**Les enfants doivent dormir dans leur chambre, sans hurler à deux heures du matin ni visiter de façon intempestive le lit de leur maman. Chacun à sa place, la nuit comme le jour !**

## Le diagnostic de super Nanny

Il y a de toute évidence un problème à régler. Sophie doit être très angoissée pour venir ainsi chaque nuit se glisser dans le lit de sa maman. Il faut donc à la fois la rassurer et être ferme sur le fait que le lit de sa mère lui est interdit. Pas facile de concilier les deux ! Martine doit rappeler à sa fille qu'elle doit dormir seule et qu'il n'est pas acceptable qu'elle se faufile dans son lit. Elle doit en même temps essayer de parler avec elle : de quoi a-t-elle peur, pourquoi a-t-elle ce comportement ?

## Les consignes de super Nanny aux parents

- ✔ Expliquer à Sophie que la nuit est faite pour dormir chacun dans son lit, qu'elle ne doit plus venir dans celui de sa mère.
- ✔ Mettre en place un véritable rituel du coucher : lecture, câlin, dodo. Attention, la durée de ce rituel doit être toujours la même, et il n'est pas question de revenir sous prétexte de faire un dernier bisou, un dernier câlin...
- ✔ Remettre systématiquement Sophie dans son lit de façon très ferme lorsqu'elle vient dans le lit de sa mère.
- ✔ Si Martine ne s'est rendue compte de rien, elle doit exprimer clairement son mécontentement au matin.
- ✔ Essayer de trouver les raisons de ce comportement, sans doute lié à la séparation des parents. Il faudrait peut-être évoquer le sujet avec elle.

## La clé du changement

Compréhension et fermeté de la part de Martine. Sophie doit constater concrètement que sa mère ne veut ni ne tolère qu'elle passe la nuit avec elle. Celle-ci doit en même temps essayer de comprendre pourquoi sa fille se comporte de cette façon.

# Les objectifs

## Pour Martine

- ✔ Ne plus accepter que sa fille dorme avec elle.
- ✔ Résister à l'envie de la prendre dans son lit pour qu'elle arrête de crier.
- ✔ Donner à Sophie la possibilité de s'exprimer sur ses angoisses.

## Pour Sophie

- ✔ Rester dans son lit.
- ✔ Supporter la séparation nocturne d'avec sa maman.

## Ce qu'il faut absolument éviter

• Les menaces : Sophie étant vraisemblablement déjà angoissée, il est inutile et contre-productif d'en rajouter en la menaçant du loup ou de quoi que ce soit d'autre.

• Accepter qu'elle soit dans un autre lit que le sien sous prétexte qu'il n'y a que ça qui la calme.

## Que faire si elle continue...

Si le problème persiste malgré les consignes, il serait peut-être judicieux de consulter un psychologue pour enfants afin que Sophie puisse parler de ses angoisses nocturnes. Parallèlement, il faut bien sûr conserver la même attitude de fermeté et appliquer les consignes.

# Il ne peut dormir qu'à la maison

Timothée a beaucoup de mal à dormir ailleurs que chez lui. Lorsque cela arrive, ses parents doivent revenir le chercher au milieu de la nuit.

## Comment ça se passe

Timothée, huit ans, est invité à dormir chez un de ses copains d'école. Il change d'avis dans l'après-midi, puis se ravise au dernier moment : finalement, il veut bien passer la nuit chez son copain. Ses parents vont chercher ses affaires, et lui disent qu'il peut leur téléphoner s'il le souhaite. Une fois chez son camarade, Timothée semble à l'aise. Au moment d'aller au lit, cependant, il se révèle angoissé : il parle sans cesse, empêchant son copain de dormir, et veut appeler ses parents. C'est occupé. Jusqu'à minuit, il les appelle toutes les vingt minutes, ou est appelé par eux. D'autres fois, ses parents ont dû aller le chercher en pleine nuit.

## Les conséquences sur la vie de famille

Tout le monde est angoissé, les parents comme Timothée ; il est donc difficile d'envisager que le petit puisse passer un court séjour sans ses parents, que ce soit en classe de mer, en colonie ou, tout simplement, en week-end chez ses grands-parents.

## En quoi ce n'est pas normal

Il suffit que les parents de Timothée changent d'attitude pour que celui-ci soit moins angoissé. Ce sont eux, bien plus que lui, qui sont mal à l'aise à l'idée de se séparer de leur fils et qui l'encouragent à leur téléphoner sans arrêt. Une fois qu'ils auront pris conscience de cette réalité, la situation s'améliorera très vite.

## Le but visé

**Timothée doit pouvoir dormir chez un ami sans appeler sans arrêt ses parents. Sachant que ces derniers le retrouvent devant l'école le matin, il n'a a priori aucune raison d'être perturbé par leur absence. Son angoisse est alimentée, voire suscitée, par le comportement de ses parents, qui lui demandent de les appeler.**

## Le diagnostic de Super Nanny

Timothée est un enfant angoissé parce que ses parents sont angoissés. S'il les appelle, c'est plutôt pour les rassurer eux que pour être rassuré lui-même. Il suffit que son père et sa mère se montrent capables de supporter sereinement son absence pour que la situation évolue.

## Les consignes de Super Nanny aux parents

✔ Lorsque Timothée doit dormir ailleurs que chez lui, ne pas le suivre dans ses changements d'avis. Ses parents doivent s'en tenir à la première décision qui a été prise, indépendamment des variations d'humeur de Timothée.

✔ Interdiction formelle pour Timothée d'appeler chez lui (sauf bien sûr en cas d'urgence) lorsqu'il passe une seule nuit à l'extérieur.

✔ Le féliciter lorsqu'il arrive à passer une nuit chez un copain sans appeler papa ou maman.

## La clé du changement

Les parents de Timothée doivent comprendre que leur fils est en sécurité même s'il n'est pas avec eux. Ils doivent accepter de se séparer de lui pour la nuit.

## Les objectifs

### Pour les parents

- ✔ Arriver à « lâcher » leur fils.
- ✔ Parvenir à le laisser dormir hors de la maison sans lui téléphoner de la soirée.

### Pour Timothée

- ✔ Pouvoir passer une nuit à l'extérieur de chez lui sans téléphoner à ses parents.

### Ce qu'il faut absolument éviter

- L'angoisse injustifiée !
- Les changements de décision, les revirements de dernière minute.

### Que faire s'il continue...

Il faut poursuivre et appliquer fermement les consignes : Timothée ne sera plus angoissé lorsqu'il verra que ses parents peuvent le laisser dormir ailleurs que chez lui le cœur léger.

# les règles de base

## → du sommeil

**1 Le coucher fait partie des repères dont l'enfant a besoin.**
Ce moment lui permet de se ressourcer et de se séparer de ses parents. Mettre en place un coucher serein est essentiel : l'enfant sera calme, rassuré ; les parents pourront profiter de leur soirée.

**2 Créez un rituel autour du sommeil.**
L'horaire doit être toujours le même, la façon de coucher l'enfant aussi (lire une histoire, faire un câlin, allumer une veilleuse...).

**3 Ce n'est pas l'enfant qui décide du moment où il va au lit.**
Ce sont les adultes qui le couchent, quelle que soit sa réaction.

**4 Il ne s'agit pas d'attendre qu'il ait sommeil pour le mettre dans sa chambre.**
Il faut fixer et annoncer un horaire de coucher : 20 h 30 la semaine, 21 h le week-end, par exemple.

**5 Un enfant dort seul, dans son lit et dans sa chambre.**
Il ne partage pas le lit de ses parents, et ses parents ne dorment pas dans sa chambre. Un enfant ne dort pas avec ses parents, quel que soit le prétexte invoqué.

**6 Il n'y a pas d'enfants du soir et d'enfants du matin.**
Un enfant va au lit quand ses parents le décident, même s'il met un peu de temps à s'endormir.

**7 S'il pleure dès que vous sortez de sa chambre, laissez-le pleurer un peu avant de revenir.**
Vous pouvez renouveler l'opération deux fois, en laissant passer un peu plus de temps à chaque fois avant de revenir le voir. Expliquez-lui que la nuit est faite pour dormir, et prévenez-le que vous ne vous déplacerez pas la prochaine fois.

Principe de base n° 2

# halte aux fausses excuses !

➜ Il faut admettre que le comportement des petits peut être insupportable…

Plutôt que de reconnaître qu'il y a effectivement un problème, certains ont des « explications » toutes prêtes pour justifier l'injustifiable… En voici quelques exemples, que l'on entend couramment. Il s'agit là de pseudo-excuses, qui sont facilement réfutables.

## 1. Ils sont petits, c'est normal qu'ils agissent comme ça.

Jordan, un an et demi, adore tirer les cheveux, ceux de sa maman en particulier. Elle subit sans rien lui dire, car « il est petit et il ne comprendrait pas qu'on lui crie dessus pour quelque chose qu'il ne perçoit pas ».

Cette explication n'est pas valable : *même petit, un enfant comprend lorsqu'on lui dit non et qu'on lui explique pourquoi.*

## 2. Quand ils font des bêtises, ça montre qu'ils ont du caractère !

Au restaurant, Élisa, vingt mois, court partout et renverse les chaises sous le regard attendri de ses parents. À une amie de la famille qui leur suggère de s'opposer à ce comportement, ils répondent que leur fille a de la personnalité et que si les gens ne la supportent pas, tant pis pour eux !

Cette explication n'est pas valable : *un enfant peut être turbulent et considérer l'espace comme un terrain de jeux, mais c'est aux parents de lui expliquer que tout n'est pas permis, notamment en société. Un enfant doit apprendre que sa liberté s'arrête là où commence celle des autres. Il faut lui expliquer qu'il y a des endroits où il peut se défouler dans une certaine mesure (le square, la piscine…), et d'autres où il faut rester tranquille.*

## 3. Ils ne se rendent pas vraiment compte de ce qu'ils font.

Lina, quatre ans, demande régulièrement à sa maman de « fermer sa gueule » et elle n'hésite pas à la traiter de « grosse conne ». Le plus souvent, sa maman fait comme si elle n'avait rien entendu et justifie cela en affirmant que Lina ne se rend pas compte de ce qu'elle dit et que, si ça se trouve, elle ne sait même pas que ce sont des gros mots.

Cette explication n'est pas valable : *Lina*

# pas de fausses excuses

Ces fausses excuses doivent absolument être abandonnées si vous souhaitez que le comportement de vos enfants se modifie. Tant que vous justifiez toutes leurs attitudes, y compris (et surtout !) les plus pénibles, ils n'ont aucune raison de changer ! Soyez-en bien conscient.

*ne connaît, en effet, peut-être pas le sens exact des mots qu'elle utilise, mais il faut que quelqu'un lui explique que ce sont des termes à ne pas employer sinon elle ne comprendra pas les réactions des autres grandes personnes. Un adulte ne doit en aucun cas accepter de la part d'un enfant ce qu'il ne tolérerait pas d'un autre adulte, du moins dans les relations aux autres. Lorsqu'un enfant insulte un adulte, il le provoque pour chercher les limites. À vous de les lui montrer, et très vite !*

## 4. Je ne veux pas créer de conflits avec lui.

Hélène élève seule son fils, Hugo, qui a toujours été un enfant « difficile », pleurant la nuit, refusant de manger... À trois ans, il est tyrannique et agressif, hurle à la moindre occasion, lance des objets à la tête des adultes, frappe sa mère... Celle-ci subit en silence car elle ne veut surtout pas créer des conflits supplémentaires en le prenant de front.

**Cette explication n'est pas valable :** *en écoutant Hélène, on imagine mal comment la situation pourrait être pire ! Son absence de réaction n'évite pas le stress du conflit.*

*Au contraire, elle entretient même une tension insupportable du fait qu'elle n'ose pas s'opposer. Par son comportement, Hugo cherche de toute évidence à ce que sa mère pose des limites. Si elle s'opposait fermement à lui lors de ses dérapages, il n'aurait plus besoin de la provoquer autant. Vouloir à tout prix éviter le conflit avec son enfant est à la fois contre-productif et illusoire. Refuser de s'opposer à lui, c'est prendre le risque de le voir surenchérir dans l'agressivité.*

## 5. Il faut que les enfants profitent de leur liberté.

Léana et Élias (cinq et trois ans) sont très turbulents. Lors d'un voyage en train avec leur mère, ils grimpent sur les sièges, jouent avec les portes, fouillent dans les sacs des voyageurs... Commentaire de la maman : « On leur demandera bien assez tôt de se mettre dans le moule. Il faut bien qu'ils s'amusent et qu'ils profitent de leur liberté. »
Cette explication n'est pas valable : *si les enfants n'ont pas les mêmes devoirs et responsabilités que les grands, cela ne veut pas dire qu'ils ont le droit de faire ce qu'ils veulent à chaque instant. Ils peuvent par exemple se tacher lorsqu'ils mangent (leur développement psychomoteur n'est pas terminé), mais en aucun cas déranger tout un wagon par leurs cris et leurs façons de faire.*

## 6. Je veux tout faire pour qu'il soit heureux.

Gabriel, trois ans, est un petit garçon au caractère difficile : il pleure beaucoup, dort mal, mange peu, est souvent malade, donne l'impression d'être toujours en colère, malheureux. Il a du mal à entrer en relation avec d'autres enfants, et formule sans cesse des demandes qu'il faut satisfaire immédiatement sous peine d'une crise de nerfs en public. Ses parents ne lui refusent jamais rien : « Si ça lui fait plaisir d'avoir ce qu'il réclame, on doit le lui acheter. Pour nous, rien n'est plus important que son bonheur. »
Cette explication n'est pas valable : *Gabriel ne donne pas l'impression d'être très heureux ainsi. Il serait bien plus serein si on le confrontait à la frustration ! La vie se chargera de lui apprendre qu'on ne peut pas tout avoir, alors autant le préparer à cette réalité : il sera plus heureux ainsi qu'en ayant l'illusion qu'il suffit de faire un caprice pour parvenir à ses fins.*

# à taaable !

# Elles ne mangent jamais comme les autres

Préparer un repas que Marianne et Juliette, six et sept ans, acceptent de manger relève du casse-tête : même quand elles réclament un plat, il leur arrive de refuser d'y toucher.

## Comment ça se passe

Angélique compte faire du poulet et demande à ses filles si cela leur convient. Non, l'une veut du jambon, l'autre une omelette. Angélique envisage de passer chez le boucher, mais se ravise : il serait plus simple que ses filles mangent la même chose. Malgré leurs protestations, elle prépare une omelette et une salade de tomates. Elle aurait aimé faire du riz, mais Juliette n'aime pas ça. Les filles refusant de manger ce qu'il y a dans leur assiette, Angélique leur propose un sandwich au fromage. Juliette est d'accord, mais Marianne ne veut qu'un yaourt. Angélique insiste pour qu'elle mange quelque chose de consistant. Juliette ne veut plus qu'un yaourt elle aussi. De crainte que ses filles ne se laissent dépérir, Angélique accepte qu'elles se partagent un paquet de biscuits.

## Les conséquences sur la vie de famille

Sans même évoquer l'aspect diététique de la question (est-il sain de remplacer un repas par des biscuits ?), le comportement des petites pèse sur la vie de la famille, à la maison comme à l'extérieur : il faut transformer le menu prévu en cours de repas, trouver des plats qui les satisfassent sans qu'elles changent d'avis, aller acheter en catastrophe quelque chose qui leur plairait, apporter des sandwichs lorsqu'elles sont invitées chez des amis...

## En quoi ce n'est pas normal

C'est aux enfants de s'adapter à ce qui a été prévu par leurs parents, et non l'inverse. Il n'est pas acceptable qu'un enfant refuse ce qu'il a demandé un instant auparavant sous prétexte que, finalement, il n'en veut plus.

## Le but visé

**Les parents préparent ce qu'ils ont prévu de faire, sans se référer à l'avis de leurs enfants. Si ces derniers n'aiment pas le contenu de leur assiette, qu'ils le laissent (il est inutile de forcer un enfant à manger quelque chose qu'il n'apprécie pas). En revanche, il n'est pas question de leur proposer autre chose à la place ; ils se rattraperont sur l'entrée ou sur le fromage.**

## Le diagnostic de Super Nanny

L'explication de ce comportement, comme bien souvent, est à chercher dans l'attitude des parents. Ici, Angélique se met elle-même en situation de quasi-esclavage vis-à-vis de Marianne et de Juliette. Elle commet l'erreur de les laisser décider à sa place de ce qu'elles vont manger, ce qui donne aux petites une occasion merveilleuse de faire tourner leur mère « en bourrique » en changeant d'avis toutes les cinq minutes. Angélique prend même les devants : elle prépare des sandwichs à ses filles lorsqu'elles sont invitées à l'extérieur car elle est sûre que, sinon, elles ne mangeront rien.

## Les consignes de Super Nanny aux parents

✔ Cesser de croire que ses enfants vont se laisser mourir de faim : sauf maladie avérée, un enfant ne se laisse jamais dépérir.

✔ Faire le menu sans demander à ses filles ce qu'elles en pensent (sauf cas particulier, un repas d'anniversaire par exemple).

✔ Ne pas les forcer à manger si elles n'aiment pas ce que leur mère a préparé.

✔ Ne pas leur proposer quelque chose en remplacement si elles n'aiment pas ce qui est déjà préparé.

✔ Tout le monde a la même chose dans son assiette, on ne fait pas de cas particulier.

## La clé du changement

Angélique doit s'imposer et ne pas prendre en considération les caprices de ses filles en matière de nourriture.

# Les objectifs

## Pour Angélique

- ✔ Accepter que ses filles se passent de plat principal le temps d'un repas sans céder à la tentation de leur préparer autre chose.
- ✔ Ne pas accorder une importance démesurée à ce qu'elles avalent en pensant qu'elles vont être sous-alimentées.

## Pour les filles

- ✔ Cesser de réclamer un régime d'exception.
- ✔ Manger ce qui a été prévu, sans réclamer autre chose.

## Ce qu'il faut absolument éviter

- Céder au chantage implicite des filles lorsqu'elles laissent entendre qu'elles ne mangeront rien.
- Insister avec inquiétude pour qu'elles mangent.
- Accepter qu'elles aillent se servir elles-mêmes dans le frigo pour voir si quelque chose ne leur plairait pas.

## Que faire si elles continuent...

Ne surtout pas céder! Et si les filles entament une crise à table, les envoyer dans leur chambre.

# Elle joue avec la nourriture

Johanna, deux ans, est en pleine phase d'opposition à ses parents. Un de ses « jeux » préférés consiste à réclamer quelque chose à manger, puis à écraser l'aliment qu'on vient de lui donner.

## Comment ça se passe

Johanna fait une crise : il est deux heures de l'après-midi, elle a faim, là, maintenant, et elle veut une banane. Son père, Christian, l'installe sur sa chaise haute et lui donne ce qu'elle réclame. À peine a-t-elle le fruit dans les mains qu'elle l'écrase en regardant son père droit dans les yeux. Elle s'essuie ensuite les mains sur la chaise. Son père réagit en se plaignant gentiment : il va devoir tout nettoyer, elle n'est pas très gentille de lui imposer ça. Anna, la mère de Johanna, est très en colère, mais plus elle crie plus la petite semble s'amuser. La scène se répète pratiquement à chaque repas : Johanna ne mange pas et joue ostensiblement avec la nourriture.

### Les conséquences sur la vie de famille

Anna passe son temps à nettoyer les saletés que fait sa fille lorsqu'elle « mange ». De façon générale, les parents sont dépassés par l'attitude de la petite. Les repas prennent l'allure d'un rapport de forces épuisant, la cuisine ressemble à une « porcherie ». Il faudrait presque que Johanna prenne une douche après le repas.

### En quoi ce n'est pas normal

Qu'un enfant tente des expériences, soit. Qu'il éprouve à un certain âge la tentation de transformer le contenu de son assiette en pâte à modeler, c'est dans l'ordre des choses. Ce n'est pas pour autant qu'il faut le laisser faire. La nourriture n'est pas un jeu. De plus, dans ce cas précis, on voit bien qu'il y a de la provocation de la part de Johanna, qui teste de cette façon les limites parentales.

## Le but visé

**Le repas en famille répond à deux fonctions : il permet aux parents et aux enfants de se retrouver… et de se nourrir. En mangeant avec leurs parents, les enfants apprennent à se tenir à table et à ne pas considérer la nourriture comme un jeu. Un enfant qui mange normalement ne joue pas avec les aliments.**

## Le diagnostic de super Nanny

Johanna provoque ses parents, qui répondent par deux attitudes contradictoires : sa mère crie et son père essaie de l'apitoyer en lui montrant le travail qu'elle lui donne. Dans les deux cas, cela n'entraîne aucun changement chez leur fille !

## Les consignes de super Nanny aux parents

✔ Expliquer à Johanna que les aliments ne sont pas des jouets.

✔ Si elle persiste à jouer avec la nourriture, la faire sortir de sa chaise haute et l'isoler dans une autre pièce.

✔ Ne pas céder à ses demandes de nourriture en dehors des repas : on ne mange qu'aux heures des repas et au goûter.

✔ Lui dire qu'en se servant de sa cuillère elle pourra manger sa banane coupée en morceaux comme une grande.

## La clé du changement

Établir un rituel autour des repas et de la nourriture : on ne mange pas n'importe quoi n'importe quand.

# Les objectifs

## Pour Christian

- ✔ Être capable de faire les gros yeux à sa fille au lieu de jouer le père accablé mais sympa.
- ✔ Ne pas répondre à ses demandes de nourriture en dehors des repas.

## Pour Anna

- ✔ Elle a raison de lui faire remarquer avec fermeté qu'on ne mange pas de cette façon. Elle peut continuer.

## Pour Johanna

- ✔ Cesser de jouer avec la nourriture.

## ▶ Ce qu'il faut absolument éviter

- La différence d'attitude entre les deux parents : un qui hurle, l'autre qui laisse faire.
- Les excuses du genre : « Elle est petite, il faut la laisser faire. »

## ▶ Que faire si elle continue...

Ne pas cesser d'appliquer les consignes, en maintenant l'interdiction de manger entre les repas.

# Chaque repas est un enfer sonore

La famille est nombreuse – trois garçons de huit, six et quatre ans, plus un bébé de quelques mois –, mais cela n'explique pas pourquoi les garçons hurlent et se battent à chaque repas, sous l'œil consterné de leurs parents.

## Comment ça se passe

Aymeric, Charles et Baptiste sont à table. Ils ont devant les yeux les consignes que leur maman a affichées au mur : « Je ne mange pas dans l'assiette de mon voisin ; je parle sans crier ; je ne me bats pas avec mon voisin... » Pourtant, le repas est mouvementé. Baptiste pioche dans l'assiette de Charles, qui hurle et se défend en le tapant avec sa fourchette. Aymeric chante à tue-tête en frappant son assiette avec ses couverts. Un verre d'eau renversé occasionne de nouveaux cris. Brigitte, la maman, assiste à tout ça comme si le bruit ne l'affectait pas ; elle n'intervient que lorsque les garçons se tapent dessus à coups de fourchette. Elle tente alors de parler plus fort qu'eux, puis les menace de les priver de sortie. Les enfants l'entendent à peine. Michel, le père, a discrètement quitté la table sous prétexte de s'occuper du bébé.

### Les conséquences sur la vie de famille

Michel risque de passer de nombreux repas à s'occuper du bébé... ne serait-ce que pour fuir l'enfer sonore généré par ses enfants. Si parents et enfants ne peuvent même pas se retrouver dans le calme pendant les repas, c'est toute la vie de la famille qui va se compliquer. Quand Brigitte et Michel reçoivent des amis ou de la famille, tout le monde se sent agressé par le bruit.

### En quoi ce n'est pas normal

Un repas ne doit pas se dérouler dans une ambiance sonore de match de foot ! C'est un moment où la famille se retrouve aussi pour parler et échanger. S'il y a trop de bruit, ce ne sera pas possible. De façon générale, il n'est pas normal que des parents soient dépassés par le niveau de décibels que produisent leurs rejetons, et ce au point de ne pas pouvoir être entendus.

## Le but visé

**Les repas doivent être des moments d'échange où les uns et les autres peuvent s'écouter parler sans avoir à hurler pour se faire entendre.**

## Le diagnostic de Super Nanny

Malgré les consignes affichées, les enfants n'en font qu'à leur tête. C'est sans aucun doute qu'il y a un problème ! La plupart du temps, Brigitte ne combat pas les cris des garçons ; quand elle réagit, elle le fait dans la surenchère. Son mari ne prend pas position pour imposer une autre façon de se comporter ; il préfère déserter la table familiale, laissant le champ libre à ses enfants pour continuer à agir comme ils le font.

## Les consignes de Super Nanny aux parents

✔ Expliquer (à l'oral et non à l'écrit) aux enfants que leur attitude n'est plus supportable. Ils doivent désormais s'exprimer sans hurler.

✔ Michel doit rester à table tout le long du repas et s'occuper de ses enfants.

✔ Lorsqu'il y a élévation du niveau sonore, isoler un des enfants en le faisant sortir de table. Il ira dans sa chambre jusqu'à ce que ses parents lui disent qu'il peut en sortir.

## La clé du changement

Les parents doivent se mettre d'accord pour prendre les choses en main : désormais, ils ne supporteront plus de manger dans un tel vacarme.

# Les objectifs

## Pour Brigitte

✔ Réagir de façon suffisamment efficace pour que le repas se déroule dans une ambiance sonore supportable.

## Pour Michel

✔ Rester à table tout au long du repas, et intervenir auprès des enfants.

## Pour les enfants

✔ Changer de comportement, en passant le repas sans hurler et en évitant d'avoir des gestes agressifs les uns envers les autres.

### Ce qu'il faut absolument éviter

- Faire comme si de rien n'était : ce genre de réaction laisse croire aux enfants que la situation est normale... ce qui n'est pas vraiment le cas !
- La fuite, en laissant les enfants seuls à table.
- Essayer de parler plus fort qu'eux. Au contraire, il faut leur parler un ton en dessous.
- Séparer les enfants pour le temps du repas, en pensant qu'ils seront plus calmes ainsi. Ils doivent apprendre à se supporter pendant les repas, qui sont des moments d'échanges pour la famille.

### Que faire s'ils continuent...

Pourquoi ne pas leur proposer de participer à la préparation du repas, chacun effectuant une tâche particulière ?

# Il grignote et mange en cachette

Franz, neuf ans, est accro aux sucreries. Dès que sa mère a le dos tourné, il va dans la cuisine pour se servir en bonbons et en biscuits. Il grignote systématiquement de cette façon entre les repas.

## Comment ça se passe

Franz rentre de l'école et prend son goûter avant d'aller faire ses devoirs dans sa chambre. Pendant que sa mère est au téléphone dans le salon, il retourne discrètement dans la cuisine pour puiser dans le sac de bonbons qu'elle vient d'acheter. Sa mère, qui connaît ses façons de faire, le surprend. Hier encore, elle a trouvé des restes de biscuits et des papiers de bonbons sous son matelas en faisant son lit. Elle se fâche lorsqu'elle le trouve les mains et la bouche pleines : il vient pourtant d'avoir son goûter, il ne peut pas se plaindre d'avoir faim ! Pour l'empêcher d'accéder aux sucreries, elle ferme la porte de la cuisine à clé. Comme ça, il ne pourra plus aller se servir.

## Les conséquences sur la vie de famille

Les autres membres de la famille ne peuvent pas aller dans la cuisine, ce qui est tout de même très gênant. La cuisine est un espace dans lequel toute la famille se retrouve ; c'est une pièce collective, qu'il ne faut pas fermer à clé.

## En quoi ce n'est pas normal

La cuisine n'étant, a priori, pas une pièce dédiée à l'intimité, il n'y a pas de raison de la fermer à clé. C'est à Franz de ne plus aller y fouiller pour se ravitailler en sucreries.

# Le but visé

**Franz ne doit plus aller se chercher des bonbons ou des biscuits en cachette. S'il mange normalement le matin, à midi, au goûter et le soir, il n'aura pas faim entre les repas. Le grignotage ne doit pas se faire à l'insu de sa mère.**

## Le diagnostic de Super Nanny

La maman de Franz n'apprécie pas que son fils mange en cachette, ce qui est compréhensible. Pour autant, il n'est sans doute pas utile qu'elle ferme la porte de la cuisine à clé. En faisant cela, elle risque de créer chez Franz le contraire de ce qu'elle recherche : il aura encore plus envie de grignoter sans qu'elle le sache. Il pourrait très bien se procurer des sucreries ailleurs que chez lui et continuer à manger en cachette, même avec la porte de la cuisine fermée à clé. Il faut lui apprendre à freiner ses envies en matière de nourriture au lieu de condamner une pièce de la maison.

## Les consignes de Super Nanny aux parents

✔ Arrêter de fermer la porte de la cuisine à clé.

✔ Expliquer à Franz que grignoter entre les repas n'est pas bon pour la santé.

✔ Lui permettre de temps en temps de se faire plaisir en lui achetant des bonbons ou, mieux, une pâtisserie pour le dessert.

✔ Privilégier les légumes et les fruits pour les repas familiaux.

✔ Laisser Franz accéder librement à la cuisine, en lui expliquant qu'elle lui fait confiance.

✔ Si elle le surprend dans la cuisine, le reprendre sans crier en disant qu'elle espère que cela ne se reproduira plus.

## La clé du changement

Faire confiance à Franz pour qu'il se prenne en main et cesse de grignoter, sans le menacer et sans fermer la cuisine à clé. Pour cela, il faut lui faire prendre conscience qu'il a tout à y gagner : il se sentira mieux dans sa peau, et il gagnera la confiance de sa mère.

# Les objectifs

## Pour la mère

- ✓ Faire confiance à son fils pour qu'il ne mange plus en cachette.
- ✓ Supporter ses éventuels écarts sans en faire un drame.

- ✓ Passer du temps avec lui pour partager des activités (lire, se promener, discuter).
- ✓ Donner l'exemple elle-même en ne grignotant pas entre les repas.
- ✓ Lui apprendre à gérer les sucreries : il peut en avoir occasionnellement, pour un anniversaire ou lorsqu'il mérite une récompense par exemple.

## Pour Franz

- ✓ Maîtriser son grignotage.
- ✓ Faire de vrais repas pour ne plus avoir envie de grignoter.

## Ce qu'il faut absolument éviter

- La répression (fermer la porte à clé).
- La menace culpabilisatrice, du type : « Si tu continues à te gaver en cachette, tu finiras obèse. »
- L'exigence du zéro écart.

## Que faire s'il continue...

Puisque, apparemment, il aime ce qui est sucré, pourquoi ne pas confectionner des gâteaux avec lui ? On peut aussi lui offrir parfois des sucreries, lors d'occasions bien précises (quand il a eu une bonne note, quand il s'est montré serviable...). Enfin, il faut lui faire comprendre qu'il mérite que sa mère lui fasse confiance.

# Ils ne mangent que des cochonneries

Thomas et Dylan, sept et huit ans, souffrent de surpoids : ils sont beaucoup trop ronds pour leur âge et pour leur taille. Pour ne pas devenir définitivement obèses, il faut qu'ils changent de comportement alimentaire et d'hygiène de vie. Mais rien ne peut se faire sans l'aide de leur mère…

## Comment ça se passe

Karène, la maman des enfants, a fait les courses : chips, sodas, hamburgers surgelés prêts à cuire, céréales et biscuits sucrés… Pour le dîner, elle ouvre un sachet familial de chips (en entrée) et met une pizza déjà préparée au four. En dessert, les enfants ont le droit de se servir un bol de céréales. En guise de boisson, pas d'eau, mais du soda à l'orange, comme à chaque repas. En réalité, on ne peut pas vraiment parler de repas : toute la famille a la permission de piocher à n'importe quel moment de la journée dans le sachet de chips ou le paquet de biscuits. Difficile de distinguer un vrai repas de ce grignotage permanent.

## Les conséquences sur la vie de famille

Du point de vue diététique, il n'est pas sain de ne manger ni légumes ni fruits frais. Les apports en vitamines et en sels minéraux sont inexistants, tandis que graisses et sucres rapides sont surreprésentés. Le surpoids chez des enfants si jeunes a toutes les chances de se transformer en obésité, et le risque de maladie est plus important. L'aspect social du repas est aussi négligé : chacun mange lorsqu'il en a envie, et non par besoin.

## En quoi ce n'est pas normal

L'obésité toucherait un enfant sur quatre en France. Ce n'est pas une raison pour se dire qu'il faut accepter son surpoids. Être trop rond a des conséquences importantes sur la santé, sans parler des difficultés à assumer le regard des autres.

## Le but visé

**Chaque repas doit comporter des légumes frais et cuisinés, et un fruit. Céréales, biscuits, chips et sodas sont à bannir de la table : au quotidien, on ne boit que de l'eau pure, jus de fruits et boissons sucrées étant réservés aux occasions spéciales. Enfin, les repas doivent être pris à heures fixes et constituer des moments bien distincts de la journée.**

## Le diagnostic de super Nanny

Il est impératif que Karène réagisse rapidement et de façon définitive : elle ne peut pas se contenter de faire faire un régime à tout le monde pour, plus tard, revenir à sa façon actuelle de nourrir ses enfants. Pour cette famille, le changement de comportement alimentaire ne doit en aucun cas être provisoire... Cela demande une réorganisation « en grand ».

## Les consignes de super Nanny aux parents

✔ Faire ses courses au marché plutôt que dans une grande surface : vous éviterez ainsi d'acheter chips et hamburgers tout prêts.

✔ Plus de sodas dans la maison.

✔ De l'eau, de l'eau, de l'eau (non aromatisée, bien sûr).

✔ Des repas à heures fixes.

✔ Plus de céréales, ni au petit déjeuner ni au goûter : à la place, des tartines de pain et de confiture.

✔ Karène, qui ne travaille pas, peut s'armer d'un livre de cuisine pour choisir les recettes des jours à venir.

✔ Cuisiner à la maison : c'est moins cher et meilleur (carottes râpées, lentilles, gratin de courgettes...) que les plats vendus tout préparés.

## La clé du changement

Rayer définitivement de la liste tous les aliments privilégiés jusqu'à présent pour les remplacer par des plats cuisinés à la maison, en veillant à manger au minimum cinq fruits et légumes par jour.

# Les objectifs

## Pour Karène

- ✔ Faire de chaque repas un moment agréable et diététiquement correct.
- ✔ Mettre en place des activités physiques régulières pour toute la famille (vélo, natation, promenades).

## Pour Thomas et Dylan

- ✔ Apprendre à apprécier les légumes et les fruits.
- ✔ Ne manger que pendant les repas.

### Ce qu'il faut absolument éviter

- Culpabiliser les enfants sur leur poids.
- Les peser sans arrêt.
- Leur dire qu'il vaut mieux faire envie que pitié.

### Que faire s'ils continuent...

Maintenir le cap diététique, en se faisant éventuellement aider par un nutritionniste.

# les règles de base

- du comportement à table
- vis-à-vis de la nourriture

1 **On se lave les mains avant de passer à table.**
C'est une question d'hygiène et de savoir-vivre.

2 **Tout le monde mange la même chose.**
Il est hors de question de cuisiner un plat par personne.

3 **On laisse les adultes parler sans leur couper la parole de façon intempestive.**
Il est insupportable de ne pas pouvoir se parler normalement à cause d'interruptions permanentes.

4 **On ne sort pas de table avant d'y être autorisé par un adulte.**
Les adultes décident de la fin et de la composition du repas.

5 **On ne crie pas à table.**
La table n'est ni un terrain de sport ni la cour de récré.

6 **Pour ce qui est des bonnes manières, chacun voit midi à sa porte.**
L'important n'est pas, par exemple, d'éviter à tout prix que les enfants mettent les coudes sur la table, mais plutôt que tous les convives puissent partager un moment sans que cela devienne infernal.

1 **On ne joue pas avec la nourriture.**
L'argument « Pense aux petits Africains qui n'ont rien à manger » a un côté caricatural. Pourtant, sur le principe, il reste valable.

2 **Il ne faut pas forcer un enfant à manger ce qu'il n'aime pas.**
Ce genre d'attitude risque de provoquer plus tard des troubles du comportement alimentaire.

3 **On ne propose aux enfants rien d'autre que ce qui a été préparé pour le repas.**
C'est aux enfants de s'adapter à ce que font les parents et non l'inverse.

## Principe de base n° 3

# posez des limites !

Pour changer de cap et commencer vraiment leur éducation...

Un des principes essentiels de l'éducation consiste à poser des limites. Bien sûr, un enfant en bas âge n'est pas concerné par cet impératif. Généralement, les parents commencent à énoncer des interdits et à dire non à leur enfant à partir du moment où celui-ci sait se déplacer par lui-même.

Pour éviter les accidents domestiques, les parents interdisent à l'enfant d'aller à certains endroits (escaliers, balcons…), de faire certains gestes (toucher les prises électriques, s'agripper à n'importe quel objet…). Les premiers « non » adressés à un enfant concernent donc sa sécurité. Plus tard, lorsqu'il grandira, les limites porteront plutôt sur d'autres domaines : il s'agira pour lui d'apprendre à vivre avec les autres, de comprendre que ses désirs ne sont pas des ordres, de supporter la frustration… Il est alors plutôt question de politesse et de respect des autres que de sécurité.

Ces deux moments sont l'un et l'autre indispensables à l'équilibre futur de l'enfant. Un petit qui a intégré les limites que ses parents lui ont posées sait vivre en société, sait que toutes ses volontés ne peuvent pas être satisfaites, ne se met pas sciemment en danger et respecte les autres… Il s'agit donc d'une dimension essentielle de l'éducation. Si les limites n'ont pas été véritablement posées, une étape importante n'a pas eu lieu, et les problèmes surgissent.

## 1. Comment poser des limites ?

Pour commencer, il faut savoir dire non à son enfant. C'est la base de tout ! Il faut dire non quand, à deux ans, il se roule par terre pour avoir des bonbons au rayon confiserie du supermarché ou chez la boulangère. Il faut dire non quand, à six ans, elle change de tenue pour la troisième fois de la matinée sous prétexte

> **➜ à retenir**
>
> Le « non » doit être très fermement prononcé pour être crédible.
> Un « non » mou n'est pas un vrai « non » pour un enfant.

# quand faut-il dire non ?

Lorsqu'il y a danger pour votre enfant ou pour les autres, lorsqu'il est insolent, lorsqu'il se prend pour le centre du monde et oublie que les autres existent, lorsqu'il vous empêche de faire ce que vous aviez prévu... en un mot, lorsqu'il se montre insupportable !

que, finalement, ce pantalon flambant neuf que vous venez de lui acheter est « trop moche ». Il faut dire non quand ils donnent des coups de pied aux passagers du bus (ou à vous-même) parce qu'ils sont en train de faire une colère. Bref, quel que soit leur âge, il faut systématiquement dire non dès que leur demande ou leur comportement devient insupportable.

## 2. Le « non » doit être adapté à l'âge de l'enfant

On n'interdit pas les mêmes choses à un petit de deux ans et à un grand de sept ans. Si votre enfant a un an et demi ou deux ans, le « non » concernera surtout sa sécurité : ses déplacements, les objets avec lesquels il va jouer (prises électriques, appareils électroménagers, produits toxiques, couteaux...). Jusqu'à ce qu'il ait deux ans, vous devez donc poser certaines limites à ses gestes, en lui expliquant toujours pourquoi et en lui précisant que c'est pour sa sécurité. Pour d'éventuels comportements agressifs à cet âge, vous devez marquer votre désapprobation pour lui indiquer que ce qu'il fait vous déplaît. Cela dit, il est inutile de lui en dire plus et de vous lancer dans de très longues explications sur le respect des autres. Un froncement de sourcils en le regardant droit dans les yeux et un « non » très fermement prononcé suffiront à lui faire comprendre l'essentiel ! Plus tard, le « non » portera surtout sur ses comportements envers les autres. Il faudra alors lui expliquer ce qui se fait et ce qui ne se fait pas lorsqu'on vit en société. Il faudra également prévoir d'éventuelles sanctions s'il désobéit. La punition peut par exemple consister à ce qu'il reste dans sa chambre jusqu'à ce qu'il soit calmé.

## 3. Faites-leur comprendre que c'est non, vraiment non

Car il ne suffit pas de prononcer le son « non » pour être efficace. Si c'était le cas, il serait peu difficile d'élever un enfant ! Si vous voulez que vos enfants vous trouvent crédible lorsque vous leur interdisez quelque chose, vous devez être absolument persuadé de votre bon droit et de la légitimité de ce que vous faites. Si vous dites non de façon molle et peu convaincue, votre « non » n'aura strictement aucun effet ! En conclusion : lorsque c'est justifié, opposez-vous à eux sans culpabilité et sans honte. C'est un grand service que vous leur rendez.

## ▶ RÉSUMÉ

▶ **Dire non** à un enfant, **c'est lui permettre de grandir.** C'est la seule façon de lui apprendre à gérer la frustration à laquelle il sera nécessairement confronté au cours de son existence. Un enfant à qui les limites n'ont pas été montrées sera malheureux : il ne supportera pas les contraintes de la vie en société.

# tu sais à qui tu parles ?

# Ils ne font que des caprices

Étienne, huit ans, et sa sœur Capucine, six ans, « chougnent » sans arrêt. Quelle que soit la situation, ils pleurnichent, se plaignent et font des caprices.

## Comment ça se passe

Banal samedi en famille : les enfants se lèvent et, malgré l'interdiction parentale, font irruption à sept heures dans la chambre conjugale. Les parents protestent, mais les laissent faire. Les enfants crient : ils veulent manger. Ce matin, ils n'ont pas envie de céréales, mais de croissants. Leur père se lève et va à la boulangerie pendant que les enfants investissent le lit parental. Après le petit déjeuner (en fait, ils ne voulaient plus des croissants et ils ont pris des céréales), ils ne veulent pas sortir pour aller au marché. Les parents s'inquiètent : comment vont-ils faire les courses si les enfants ne veulent pas les accompagner ? Finalement, leur père se dévoue pendant que Cécile, leur mère, reste à la maison avec les petits. À midi et demi, ils sont encore en pyjama. Ils refusent de passer à table. Des amis devaient passer pour le café, mais l'ambiance est si électrique que les parents annulent.

## Les conséquences sur la vie de famille

C'est très simple, le climat familial est tout à fait invivable. Les parents sont débordés par les enfants, qui les empêchent de vivre normalement au quotidien : des activités aussi banales que faire les courses ou manger deviennent de véritables parcours du combattant. Dans ces conditions, il n'est pas possible d'avoir une vie sociale d'adulte. L'ambiance est perpétuellement survoltée. Les parents, constamment sollicités par les enfants, sont épuisés et ne peuvent jamais se reposer.

## En quoi ce n'est pas normal

Avoir des enfants ne signifie pas qu'il faille vivre sous leur dictature. Il est tout à fait anormal que des adultes ne puissent pas mener à bien leurs activités quotidiennes et soient obligés de vivre dans un état d'épuisement permanent à cause de leur progéniture.

## Le but visé

**Étienne et Capucine doivent respecter le « territoire » de leurs parents au lieu d'y pénétrer malgré l'interdiction de ces derniers. Les enfants n'ont pas à empêcher leurs parents de recevoir leurs amis, de faire les courses de la façon dont ils l'ont décidé... Ils doivent se mettre à table sans discuter, quel que soit le menu.**

## Le diagnostic de Super Nanny

La situation est relativement inquiétante, et doit être prise en main le plus rapidement possible. Les parents vivent dans une ambiance infernale, entre hurlements et caprices. Pour inverser la tendance, ils vont devoir se montrer très fermes envers leurs enfants et changer radicalement d'attitude. Ce sont eux qui doivent diriger la vie familiale, et non les enfants !

## Les consignes de Super Nanny aux parents

✔ Les parents doivent énoncer fermement aux enfants quelques règles à respecter impérativement : par exemple, ils n'entrent pas dans la chambre parentale avant une certaine heure, et doivent frapper avant d'y entrer une fois que l'horaire le permet. Si les parents ne veulent pas qu'ils entrent, les enfants doivent obéir.

✔ Les enfants doivent comprendre par l'attitude de leurs parents qu'ils n'ont pas à décider de la vie quotidienne de la famille : ce sont les adultes qui décident du programme de la journée.

✔ Les enfants doivent se mettre à table avec les adultes.

✔ Ils participent aux activités décidées par leurs parents, sans négociation possible.

✔ Si ces règles sont transgressées, il doit y avoir une réaction immédiate et très ferme de la part des parents : les enfants doivent être grondés, voire punis.

✔ Lorsqu'un des deux enfants commence à se montrer pénible, l'isoler dans sa chambre avec interdiction d'en sortir tant que ses parents ne le lui demandent pas.

## La clé du changement

Les adultes doivent être décidés à ne plus subir les caprices et les protestations perpétuelles de leurs enfants : désormais, ce sont eux qui décident et appliquent les règles de vie en commun.

# Les objectifs

## Pour les parents

- ✔ Ne plus subir la dictature des enfants.
- ✔ Être capables de s'opposer aux enfants dès que nécessaire, en leur faisant comprendre qu'ils devront faire ce que les adultes ont décidé même si ça ne leur plaît pas.
- ✔ Organiser des activités avec les enfants.

## Pour Capucine

- ✔ Cesser ses caprices à tous propos.
- ✔ Arrêter de provoquer ses parents.

## Pour Étienne

- ✔ Comprendre qu'il est un enfant, et non pas le chef de famille.
- ✔ Développer une vie sociale à lui, indépendamment de la famille.

## Ce qu'il faut absolument éviter

• Les négociations sur le programme de la journée, les repas... Dans le cas de cette famille, les enfants auraient l'impression que le quotidien dépend de leur seul désir.

• Ne pas réagir lorsque les enfants sont insupportables.

• Le manque de confiance en soi des parents, qui ne sont pas sûrs d'avoir le droit de gronder leurs enfants (alors qu'ils sont infernaux).

• Les désaccords entre les parents sur la conduite à tenir avec les enfants.

## Que faire s'ils continuent...

Quitte à ce que les enfants passent de longs moments isolés dans leur chambre (séparément), ne rien leur laisser passer, ne serait-ce que pendant une journée. La tension va monter mais, si les parents tiennent bon pendant vingt-quatre heures, Étienne et Capucine vont comprendre que la donne a changé. C'est fatigant, mais très efficace !

# Elle insulte sa mère

Éléonore est fille unique, elle a six ans. Elle se montre tyrannique envers ses parents, et notamment envers sa mère, qu'elle insulte régulièrement. Son père, militaire, n'est pas souvent à la maison. Elle transforme chaque moment de la journée en rapport de forces, hurlant pour tout et n'importe quoi.

## Comment ça se passe

Pendant le repas, Éléonore refuse de manger ce que sa mère a préparé et commence à hurler qu'elle veut regarder la télé. Sa maman lui dit qu'il faut rester à table et manger, mais la petite se lève et se rend dans le salon. Quand sa mère s'approche d'elle, Éléonore la traite très calmement et sans la regarder de « grosse pute ». À une amie de la famille qui lui demande ce qu'elle a dit, Éléonore répond : « Je dis ce que je veux, ma mère est une grosse pute. De toute façon, c'est pas grave de dire "grosse pute" à sa maman. » Et elle répète ces termes à l'envi, pour bien montrer que ce n'est pas grave. Sa mère fait comme si elle n'entendait pas et continue de vaquer à ses occupations en essayant de trouver ce que sa fille aimerait manger.

## Les conséquences sur la vie de famille

C'est l'enfant qui fait la loi et décide de tout dans la maison. Qu'un enfant insulte les adultes qui sont ses parents revient à décrédibiliser ces derniers : ils n'ont en effet rien à lui dire dans la mesure où ils se laissent traiter de cette manière. Par crainte des esclandres, les sorties de la famille sont réduites au strict minimum. Plus de vie sociale, et une vie familiale gouvernée par les caprices d'un bout de chou de six ans...

## En quoi ce n'est pas normal

Les parents d'Éléonore supportent un comportement totalement anormal. Il est aberrant d'avoir peur des réactions de son enfant au point de faire semblant de ne pas entendre les insultes qu'il profère ; il n'est pas normal de subir de sa part ce qu'on ne tolérerait pas d'un adulte (insultes, coups).

## Le but visé

**L'attitude normale d'un enfant envers ses parents est au minimum celle du respect. Ne pas obéir au doigt et à l'œil ou être de mauvaise humeur, par exemple, ne témoignent pas d'un manque de respect ; insulter un adulte, en revanche, indique un trouble certain dans l'esprit de l'enfant, qui doit apprendre à faire la différence entre les grandes personnes et ses copains.**

## Le diagnostic de Super Nanny

Le comportement d'Éléonore est inadmissible mais, en agissant ainsi, la petite fille veut aussi faire réagir ses parents, et vérifier par là même qu'ils sont bien des adultes. Or elle ne rencontre ici aucun comportement adulte : sa mère, par peur de s'opposer et de devoir punir, préfère se laisser insulter en faisant mine de ne rien entendre ; son père, peu présent du fait de son métier, n'intervient pas plus lorsqu'il est là. Pour lui, sa fille « a du caractère ». Comme si le manque de respect était un signe de personnalité ! Pour que le comportement d'Éléonore change, il faut que ses parents réagissent enfin.

## Les consignes de Super Nanny aux parents

✔ Prévenir Éléonore que ses parents, qui sont des adultes, ne sont pas des copains. Pour qu'elle comprenne cela, ils doivent en être eux-mêmes absolument convaincus !

✔ Ne jamais laisser passer la moindre marque d'irrespect : si cela se produit, les parents d'Éléonore l'attraperont fermement par le bras et lui demanderont en haussant le ton de répéter ce qu'elle a dit tout en la regardant droit dans les yeux.

✔ Sanctionner immédiatement les dérapages en isolant Éléonore dans sa chambre, quelle que soit l'activité en cours, et l'y laisser autant de temps que ses parents l'ont décidé.

## La clé du changement

Comprendre qu'il est absolument insupportable de se faire insulter par ses enfants ; il s'agit là d'un comportement très inquiétant, et non d'un simple dérapage verbal.

# Les objectifs

### Pour la mère

- ✓ Ne plus se laisser faire. Se comporter en adulte, en étant capable de sanctionner les dérapages.
- ✓ Comprendre qu'elle ne gagnera pas l'amour de sa fille en se laissant maltraiter. Si elle se montre ferme au contraire, Éléonore lui en sera reconnaissante (même si elle proteste sur le moment).

### Pour le père

- ✓ Intervenir et soutenir la mère au lieu de considérer avec fierté que sa fille est une « rebelle ».
- ✓ Sanctionner lorsque les règles de comportement ne sont pas respectées.

### Pour Éléonore

- ✓ Arrêter de tester les limites parentales (ce qu'elle fera spontanément quand elle les aura trouvées !).

### Ce qu'il faut absolument éviter

• Valoriser les comportements déviants d'Éléonore, qui risque de croire qu'insulter les gens est une preuve de caractère.

• Faire comme si de rien n'était. Les enfants interprètent cela comme une forme de lâcheté de la part de leurs parents, qui ont peur de les remettre à leur place.

### Que faire si elle continue...

Rester constant dans ses exigences de respect et ne rien laisser passer, quitte à ce qu'Éléonore passe un certain temps isolée dans sa chambre...

# Elle n'en fait qu'à sa tête

Mathilde, sans être dans la rébellion ouverte, ne fait que ce qu'elle veut, sans écouter ce que disent ses parents.

## Comment ça se passe

Mathilde, huit ans, est avec une copine d'école qu'elle a invitée à la maison. Sa maman, Judith, les a autorisées à jouer dans le jardin de la résidence à condition qu'elles n'aillent pas dans le parking souterrain de l'immeuble. Voulant sortir pour faire une course, Judith cherche les filles pour les prévenir et se rend compte qu'elles jouent précisément dans le parking. Elle fait remarquer à Mathilde sa désobéissance et lui demande de rentrer dans l'appartement. Celle-ci acquiesce sans broncher et semble obéir mais, lorsque Judith revient, les deux petites sont encore dehors ; Mathilde a passé outre l'ordre de sa mère. Lorsqu'elle est chez son père (les parents sont séparés), elle se comporte de la même façon.

## Les conséquences sur la vie de famille

Il est à la fois pénible et inquiétant de vivre avec un enfant qui n'obéit pas, surtout lorsqu'il le fait de façon aussi tranquille que Mathilde. Celle-ci n'est pas dans la rébellion, mais c'est presque pire : elle donne l'impression de prendre les adultes pour des idiots, faciles à berner. Sa mère n'a plus confiance en elle, et s'inquiète : Mathilde peut se mettre en danger en agissant comme elle le fait.

## En quoi ce n'est pas normal

Un enfant n'obéit pas automatiquement à tout ce qu'on lui demande ; cela fait aussi partie de l'éducation. Dans le cas de Mathilde, c'est la dimension systématique de son comportement qui est gênante : elle n'obéit jamais, et n'hésite pas à berner sa mère. Un enfant qui désobéit a en général mauvaise conscience ; Mathilde, elle, semble se moquer des réactions des adultes. Elle ment délibérément pour n'en faire qu'à sa tête.

## Le but visé

**Il faut rectifier rapidement la situation car l'attitude de Mathilde risque de lui poser des problèmes, à l'école ou au centre de loisirs par exemple. Elle doit absolument comprendre très vite que les règles des adultes la concernent elle aussi.**

## Le diagnostic de super Nanny

Le mensonge et la désobéissance systématiques sont à surveiller de près. Même si Mathilde aime beaucoup sa maman, de toute évidence elle ne la prend pas du tout au sérieux. Or, éduquer un enfant exige que l'adulte soit respecté et pris au sérieux. Il faut donc que Judith se comporte comme une adulte qui pose des règles et sanctionne lorsque celles-ci sont transgressées, quitte à susciter le mécontentement de sa fille. Mathilde doit comprendre que sa mère peut la punir et que sa désobéissance entraînera pour elle des conséquences concrètes.

## Les consignes de super Nanny aux parents

✔ Lorsqu'elle demande à sa fille de faire (ou de ne pas faire !) quelque chose, Judith doit le lui dire en la regardant droit dans les yeux. En faisant cela, elle doit montrer qu'elle ne parle pas à la légère : elle ne dit pas ça pour rire, ni pour plaisanter.

✔ Faire répéter à Mathilde ce qui vient d'être dit.

✔ En même temps, lui signifier que sa désobéissance entraînera une sanction immédiate.

✔ En cas de désobéissance, appliquer tout de suite la punition prévue.

✔ Ne laisser passer aucun faux pas : s'il s'avère que, comme d'habitude, Mathilde a menti en vue de ne pas obéir, il faut la sanctionner.

## La clé du changement

Judith doit montrer à sa fille qu'elle est une adulte et qu'il faut la prendre au sérieux en tant que tel. Elle doit cesser très rapidement de se faire tourner « en bourrique » par une enfant.

# Les objectifs

## Pour Judith

✔ Se montrer capable de sanctionner quand il le faut.

✔ Faire la preuve qu'elle ne lance pas des menaces en l'air.

## Pour Mathilde

✔ Respecter sa mère et la prendre au sérieux.

## Ce qu'il faut absolument éviter

• Les phrases du genre : « Ce n'est pas grave, après tout, il ne lui est rien arrivé. »

• La culpabilité : « Je suis trop dure avec elle, c'est pour ça qu'elle ne m'obéit pas. » Apprendre à son enfant à ne pas se mettre en danger fait partie intégrante de l'amour parental et de l'éducation.

• L'absence de réaction en cas de désobéissance.

• Une réaction molle, comme se borner à dire gentiment que « ce n'est pas bien de désobéir, il ne faut pas recommencer », risque de ne produire aucun effet sur l'enfant.

## Que faire si elle continue...

Il faut montrer à Mathilde qu'elle perd la confiance de sa mère. Celle-ci ne la laissera plus seule, et ne lui donnera même pas l'occasion de désobéir ; elle lui expliquera que, suite à ses façons d'agir, elle ne lui fait plus confiance. Mathilde en sera sûrement affectée et cherchera à regagner l'estime maternelle.

# Ils réclament tout le temps quelque chose

Arthur et Titiana, sept et huit ans, épuisent leurs parents par leurs demandes incessantes. Ils ont toujours quelque chose à réclamer : inviter un camarade d'école à dormir, acheter le dernier manga à la mode, aller au cinéma...

## Comment ça se passe

À la sortie de l'école, Muriel, la maman d'Arthur et de Titiana, est comme prise d'assaut par ses enfants. Avant même de lui dire bonjour, ils se précipitent vers elle pour lui arracher le goûter des mains. Au passage, ils lui demandent s'ils peuvent inviter un ami pour la soirée. Comme elle refuse, ils le prennent mal. Est-ce qu'elle pourrait alors leur acheter un paquet de cartes Pokémon™ ? Nouveau refus de Muriel, grogne des enfants. De toute façon, elle va devoir les emmener au supermarché : Arthur a perdu sa trousse, il faut lui en racheter une, sinon la maîtresse le punira. Titiana voudrait bien qu'on en profite pour investir dans un nouvel agenda : le sien est tout corné. N'importe comment, concluent les enfants, leur mère ne veut jamais leur faire plaisir...

## Les conséquences sur la vie de famille

Elles ne sont pas très importantes dans la mesure où Muriel ne satisfait pas systématiquement les demandes de ses enfants. Simplement, pour des raisons de confort familial, elle aimerait bien que ceux-ci cessent d'exercer cette pression constante. Pratiquement chaque sortie d'école est gâchée par leur comportement. Leurs demandes constantes et répétées lui donnent la désagréable impression d'être une mauvaise mère, qui dit toujours non. Elle aimerait avoir avec ses enfants des relations un peu plus gratifiantes !

## En quoi ce n'est pas normal

La société de consommation pousse les enfants à vouloir tout ce qu'on leur propose. Il est compréhensible qu'ils réclament. Néanmoins, il est tout aussi compréhensible que les parents refusent de répondre positivement à toutes leurs demandes. Les choses s'améliorent nettement lorsque les enfants comprennent que « non, c'est non ! » et qu'il n'y a aucun moyen de revenir là-dessus !

## Le but visé

**Arthur et sa sœur doivent cesser leurs demandes à tout-va et ne pas insister en cas de refus. Cela leur permettra de vivre plus sereinement, dans une société où tout est fait pour que l'on consomme.**

## Le diagnostic de super Nanny

Tout ne va pas si mal ! Il s'agit là d'une attitude relativement normale pour l'époque, que des règles clairement fixées permettent de cadrer assez facilement. Muriel doit peut-être se montrer un peu plus ferme : par exemple, elle ne devrait pas laisser ses enfants lui arracher le goûter des mains. De même, elle ne devrait pas racheter un agenda à Titiana : celle-ci doit prendre soin de ses affaires. Idem pour Arthur, qui « perd » facilement son matériel d'école lorsqu'il veut en changer...

## Les consignes de super Nanny aux parents

✔ Prévenir chaque matin les enfants qu'aucun copain ne viendra ce soir à la maison, en expliquant pourquoi.

✔ Expliquer que les invitations ne se font pas entre enfants mais entre parents, et qu'elles se prévoient à l'avance.

✔ Trier les « vraies » demandes des « fausses ». Les premières répondent à un besoin, les secondes relèvent tout simplement du caprice.

✔ Remplacer un achat (de cartes Pokémon™ par exemple) par une conversation sur ces mêmes cartes ou sur tout autre sujet qui les intéresse.

✔ Prévenir systématiquement les enfants avant d'entrer dans un magasin qu'on n'achètera rien d'autre que ce qu'on a prévu. On peut passer un petit moment au rayon des jouets avec eux... mais sans rien acheter !

✔ Les féliciter lorsqu'ils se sont montrés capables de supporter sans broncher le refus de leur mère.

## La clé du changement

Muriel est sur la bonne voie. Il faut juste qu'elle soit un peu plus ferme dans ses refus.

## Les objectifs

### Pour Muriel

✔ Ne surtout pas culpabiliser lorsqu'elle refuse quelque chose à ses enfants.

### Pour Arthur et Titiana

✔ Apprendre à distinguer leurs envies de leurs besoins.

### Ce qu'il faut absolument éviter

- Céder par sentiment de culpabilité.
- Céder systématiquement.
- Refuser systématiquement.

### Que faire s'ils continuent...

Maintenir fermement le cap. Comme il ne s'agit pas d'un comportement pathologique, la fermeté portera rapidement ses fruits.

# Il négocie sans cesse

Marius, huit ans, est fils unique. Il réclame souvent, et a nettement tendance à négocier lorsque ses parents lui disent non. Chaque refus est donc suivi par des heures de discussion visant à les faire céder.

## Comment ça se passe

Sylvianne, la mère de Marius, lui achète une paire de baskets (il a perdu au stade celles qu'elle lui avait achetées deux semaines avant). En chemin, il demande s'il pourrait avoir un nouveau survêtement : le sien ne lui plaît plus. Sa mère ne répond rien. Il embraye sur la console dernier modèle, qu'il a vue chez un de ses copains et qu'il réclame depuis plusieurs jours. Sylvianne et Éric avaient convenu que peut-être, pour Noël… Mais Noël, c'est dans trois mois. Marius essaie de voir s'il ne serait pas possible de l'avoir avant : par exemple, ses parents pourraient lui acheter ce qu'il demande maintenant, et il n'aurait rien à Noël. À court d'arguments, Sylvianne et Éric disent qu'ils n'ont pas assez d'argent en ce moment. Qu'à cela ne tienne, ils n'ont qu'à en emprunter à des amis, ou aux grands-parents. Et ainsi de suite…

### Les conséquences sur la vie de famille

Les relations entre Marius et ses parents ont lieu essentiellement sur le mode « réclamations-négociations ». Ils n'ont pas de véritables conversations ; tout est prétexte pour Marius à des tractations en vue d'obtenir ce qu'il désire, ce qui ne donne pas à la relation parents-enfant sa véritable dimension.

### En quoi ce n'est pas normal

Ce cas de figure n'est pas vraiment préoccupant. Les enfants sont par nature portés vers la négociation, et ils y sont en plus encouragés par les façons de faire actuelles.

## Le but visé

**Les enfants doivent comprendre que, souvent, négocier n'est pas de mise.**
**Un refus doit être pris pour ce qu'il est, sans que les enfants insistent. Cela leur simplifiera grandement l'existence !**

## Le diagnostic de Super Nanny

Sylvianne et Éric ont du mal à supporter les demandes répétées de leur fils et sa tendance à négocier constamment. Pourtant, même s'ils ne s'en rendent pas compte, ils encouragent grandement par leurs réactions l'attitude de Marius. En réalité, ils ne lui disent jamais vraiment non : ils invoquent le manque d'argent, ils ne répondent pas... En d'autres termes, ils ont l'attitude de personnes qui sont prêtes à négocier, et non celle de parents sûrs de leur droit à s'opposer aux demandes de leur enfant.

## Les consignes de Super Nanny aux parents

✔ Les demandes non légitimes de Marius devront faire l'objet d'un refus net et explicite de la part de ses parents ; en clair, ils doivent tout simplement lui dire : « Non ! »

✔ Ne pas apporter d'explications particulières, car expliquer donne ici prise à la négociation. Que ses parents disent par exemple qu'ils ne lui achèteront pas la console par manque d'argent ne perturbe absolument pas Marius, qui a une solution toute prête : emprunter aux grands-parents.

✔ S'il commence à négocier, lui redire non et lui signifier que c'est sans appel.

## La clé du changement

Une opposition ferme et sans appel de la part des parents (sans en faire un drame !) face aux demandes de leur fils.

# Les objectifs

## Pour Sylvianne

✓ Ne pas avoir peur de s'opposer clairement à son fils. Ne pas se laisser avoir par la culpabilité et rester constante dans cette attitude.

## Pour Éric

✓ Dire non à Marius, quitte à passer pour un papa pas sympa. Ne pas s'enferrer dans les explications et les justifications.

## Pour Marius

✓ Limiter ses demandes et accepter la frustration.

### Ce qu'il faut absolument éviter

• Le refus mou, du genre « pas maintenant, mais peut-être plus tard ».

• Les fausses excuses, du genre « nous n'avons pas d'argent ».

• Laisser croire à l'enfant que ce sont les circonstances extérieures qui l'empêchent d'avoir ce qu'il veut (et non la volonté de ses parents).

• Commencer une discussion sur le thème : « pourquoi les parents ne veulent pas acheter aux enfants ce qui leur ferait tellement plaisir ».

### Que faire s'il continue...

• Être plus décidé encore dans l'énoncé du « non ».

• Quand il commence à vouloir discuter, lui signifier que ce n'est pas la peine d'essayer, et que la discussion s'arrêtera là.

• Passer ensuite à autre chose.

# les règles de base

## → du comportement envers les adultes

1 **Les adultes et les enfants ne sont pas sur un pied d'égalité.**
Ils n'ont pas les mêmes droits et devoirs, et ne sont en aucun cas « copains ».

2 **Les décisions prises par l'adulte ne sont pas négociables.**
On agit en fonction de ce que l'adulte a dit et non en fonction des arguments avancés par les enfants.

3 **Un adulte ne doit jamais se laisser parler de façon insolente.**
Il doit encore moins se laisser insulter ou frapper par un enfant.

4 **L'insolence d'un enfant envers un adulte doit être relevée.**
On peut hausser le ton et demander à l'enfant de répéter ce qu'il vient de dire en le regardant droit dans les yeux. S'il continue malgré tout, il faut le sanctionner en l'isolant.

5 **Un adulte ne doit lui-même ni frapper ni insulter un enfant.**
Élever un enfant ne consiste jamais à le maltraiter. Faire preuve d'autorité et frapper un enfant sont deux choses totalement différentes !

6 **Un adulte ne doit pas prononcer de menaces en l'air.**
Il faut qu'il applique la sanction prévue si l'enfant est insolent.

7 **Une promesse faite à un enfant doit toujours être tenue.**
C'est la condition nécessaire pour qu'il puisse continuer à faire confiance à l'adulte.

8 **La sanction fait partie de la règle et doit être énoncée en même temps qu'elle.**
Si la règle est transgressée, l'enfant doit être sanctionné après deux ou trois avertissements.

9 **Il faut toujours féliciter un enfant qui s'est bien comporté.**
L'éducation ne consiste pas uniquement à punir !

# laissez-moi respirer !

# Impossible de faire les courses ensemble

Maëlle (six ans) et Romarick (quatre ans) sont des enfants difficiles à « tenir ». Faire les courses avec eux relève de la mission impossible…

## Comment ça se passe

Romarick est assis dans le Caddie et Maëlle galope entre les rayons. Anne-Isabelle, leur maman, tente de la rattraper. La petite fille prend des produits sur les étagères et les dépose un peu plus loin. Son frère se met debout dans le chariot et jette par terre ce que sa mère a mis dedans. Anne-Isabelle ramasse, pendant que sa fille réclame des bonbons en criant. Tout le monde les regarde. La maman est dépassée par les bambins, qui naviguent en électrons libres. Elle tente malgré tout de faire les courses tandis que, maintenant, Maëlle remplit le Caddie de tout ce qui est à sa portée et que Romarick hurle pour obtenir une petite voiture. Au bout de trois quarts d'heure, Anne-Isabelle abandonne le Caddie et sort du supermarché avec les petits, complètement surexcités.

## Les conséquences sur la vie de famille

La sortie au supermarché devient un moment de stress intense pour les parents. Non seulement les courses prennent plus de temps, mais il faut supporter, en plus du comportement des enfants, le regard des autres...

## En quoi ce n'est pas normal

Faire ses courses est une nécessité. Vouloir les faire tranquillement est une exigence tout à fait légitime. Tout parent devrait pouvoir se rendre au supermarché avec ses bambins sans que cela tourne au cauchemar. Organiser la vie familiale est assez compliqué sans qu'il soit nécessaire de faire garder les petits au moment des courses. Il est anormal que des enfants soient insupportables au point que leurs parents n'osent pas les emmener au supermarché.

## Le but visé

**Il faut qu'Anne-Isabelle puisse faire les courses avec ses enfants aussi tranquillement que si elle était seule. Elle ne devrait pas plus leur courir après en criant qu'être obligée de quitter le supermarché alors qu'elle n'a pas fini ses achats. Un adulte doit pouvoir faire ce qu'il a à faire sans modifier ses plans à cause du comportement de ses enfants. Ce sont à eux de suivre les adultes, et non l'inverse.**

## Le diagnostic de super Nanny

Maëlle et Romarick sont particulièrement turbulents, pour ne pas dire intenables. Leur maman est dépassée par leurs agissements, et se sent très honteuse vis-à-vis des gens qui assistent à la scène. Elle doit réagir rapidement pour inverser la tendance. Comme toujours en matière d'éducation, il n'est pas trop tard pour le faire.

## Les consignes de super Nanny aux parents

✔ Avant d'aller faire les courses, prévenir les enfants qu'elle attend de leur part un comportement correct : pas de courses dans les rayons, pas de caprices ni de crises.

✔ Leur dire qu'elle va acheter ce qu'elle a prévu, et rien de plus. Par conséquent, il sera inutile qu'ils lui réclament des bonbons ou des jouets.

✔ Dans le supermarché, solliciter leur aide dans la mesure de leurs moyens. Ils peuvent porter de petites choses, aider à choisir tel ou tel aliment…

✔ Leur demander de rester près d'elle.

✔ S'ils ont envie de regarder les jouets, leur laisser quelques minutes pour le faire, en leur rappelant bien qu'elle n'achètera rien.

✔ Une fois les courses terminées, les féliciter chaleureusement de leur attitude s'ils se sont bien comportés !

## La clé du changement

Les enfants doivent percevoir que leur mère est très décidée à ce que les choses se passent différemment. Elle ne supportera pas une nouvelle séance de course-poursuite à travers les rayons. Sang-froid et détermination sans faille de la part d'Anne-Isabelle sont ici les maîtres mots du changement.

# Les objectifs

## Pour Anne-Isabelle

- ✔ Faire ses courses calmement... et avec ses enfants.

## Pour les enfants

- ✔ Se comporter correctement dans le supermarché, sans courir partout et sans hurler.
- ✔ Éventuellement, aider leur mère à faire les courses.

## Ce qu'il faut absolument éviter

• Le chantage : « Si vous êtes sages, je vous achèterai un petit cadeau à la fin des courses. » Avoir recours à ce genre de procédés indique que l'adulte n'est pas convaincu de ce qu'il demande, et qu'il a besoin d'« acheter » l'enfant. Celui-ci doit sentir que l'adulte est décidé à se faire obéir.

• L'hystérie, l'exaspération. Plus les adultes sont énervés, plus les enfants le sont. Leur courir après en criant ne fait que les exciter davantage.

• Les menaces : « Si tu continues, je t'abandonne ici ! » Comme vous ne le ferez pas, inutile de proférer cette menace : elle fait peur à l'enfant dans un premier temps et, dans un second, décrédibilise à ses yeux ce que vous dites.

## Que faire s'ils continuent...

Persévérer, en restant calme et déterminé en toutes circonstances. Autrement dit, maintenir le cap, sans avoir recours au chantage ou à la menace.

# Ils changent tout le temps d'avis

Tanguy et Gaëlle (six et huit ans) ont un point commun : ils ont toujours des idées d'activités, mais les abandonnent systématiquement au bout de quelques semaines.

## Comment ça se passe

À la rentrée, Tanguy veut commencer l'escrime, et sa sœur demande à suivre des cours de roller. Leur maman, Estelle, les inscrit à ces activités ; tout son mercredi après-midi, elle le passe à courir d'un endroit à l'autre pour que ses enfants fassent ce qu'ils ont choisi. Au bout de quelques semaines, Tanguy déclare que ce sport ne l'intéresse pas, et Gaëlle ne veut plus aller au cours de roller : elle sait déjà en faire, le prof est nul... Estelle leur rappelle qu'elle a payé les inscriptions, et puis il faut qu'ils pratiquent une activité ! Mais ni l'un ni l'autre ne veulent poursuivre. Que souhaitent-ils faire à la place ? Tanguy essaierait bien la natation, et sa sœur veut tester des cours de dessin. Nouveau casse-tête d'emploi du temps, inscriptions... et un mois plus tard, lassitude des enfants et refus de se rendre aux activités.

## Les conséquences sur la vie de famille

Non seulement les parents perdent de l'argent avec les inscriptions, mais ils perdent aussi beaucoup d'énergie à réorganiser constamment leur emploi du temps. En plus, tout cela ne sert à rien puisque les enfants interrompent toujours ce qu'ils ont commencé. Par ailleurs, ils sont très instables au quotidien. Régulièrement consultés par leurs parents sur la composition des repas, leurs vêtements ou le déroulement de la journée, ils changent sans cesse d'avis. Il est très difficile pour les parents de se tenir à ce qu'ils avaient prévu de faire.

## En quoi ce n'est pas normal

Ce n'est pas aux enfants de décider ! Dans une famille qui fonctionne bien, c'est même exactement l'inverse qui se produit. Les adultes n'ont pas à se plier à tous les revirements de leur progéniture !

## Le but visé

**Un enfant qui a choisi lui-même une activité après une ou deux séances d'essai doit se montrer persévérant toute l'année. Les jours où il n'aura pas envie d'aller au cours, il dira vraisemblablement que ça ne l'intéresse plus. Cette réaction est normale, mais les parents n'ont pas à céder (sauf maladie, bien sûr) : les enfants doivent aller à l'activité prévue, même les jours où ils ne sont pas très motivés.**

## Le diagnostic de super Nanny

Tanguy et Gaëlle changent très souvent d'avis, comme la grande majorité des enfants : ce qui « coince », dans cette famille, vient plutôt de l'attitude des parents. Au lieu d'agir en adultes qui savent ce qu'ils font, ils consultent sans arrêt leurs enfants pour savoir ce qu'ils doivent faire. Or la vie de la famille ne doit en aucun cas être dirigée par les désirs des enfants. Ce sont les adultes qui décident et agissent, même s'ils peuvent demander leur avis aux petits : par exemple, il est normal de leur demander quelle activité ils souhaitent pratiquer ; une fois qu'ils ont choisi, en revanche, il n'est pas normal de cesser l'activité sous prétexte qu'ils n'ont plus envie d'y aller.

## Les consignes de super Nanny aux parents

✔ Expliquer aux enfants qu'ils devront aller toute l'année aux cours de l'activité qu'ils auront choisie et commencée. Leur dire que l'inscription coûte de l'argent et qu'elle demande une organisation qui sera fixée pour toute l'année.

✔ Demander à ce que les enfants puissent suivre un ou deux cours à l'essai avant de les inscrire.

✔ Une fois qu'ils sont inscrits, les emmener chaque semaine au cours.

✔ S'ils prétendent ne plus vouloir y aller, leur rappeler qu'ils se sont engagés à le faire tout au long de l'année et les y emmener quand même.

## La clé du changement

Les parents doivent comprendre que ce sont eux qui décident et éventuellement imposent, sans être des tyrans pour autant.

# Les objectifs

## Pour les parents

- ✔ Reprendre en main la vie de la famille en cessant de consulter les enfants à tout propos.
- ✔ Ne pas tenir compte systématiquement des mouvements d'humeur et des refus des enfants.
- ✔ Se soutenir l'un l'autre.

## Pour Tanguy et Gaëlle

- ✔ Montrer qu'ils peuvent mener à terme les activités qu'ils ont commencées.

## Ce qu'il faut absolument éviter

• Le chantage : « Si tu acceptes d'aller au cours, on ira manger une glace. » L'enfant se rend à l'activité parce qu'il l'a choisie, pas parce qu'il attend une récompense.
• Les excuses du genre : « Ils sont petits, ils peuvent changer d'avis. » Ils ont le droit de changer d'avis, c'est vrai, mais les adultes n'ont pas à obéir à toutes leurs lubies.
• Le découragement : « Ça ne sert en rien de l'emmener s'il ne veut pas y aller. » Les enfants vivent dans l'instant : ils n'ont pas envie d'aller au cours mais, une fois sur place, ils s'amusent comme des petits fous...

## Que faire s'ils continuent...

Surtout ne pas céder aux demandes des enfants d'arrêter l'activité. Continuer à les y emmener, en les félicitant pour leur persévérance et pour ce qu'ils font en cours.

# Elle empêche ses parents de sortir

Les parents de Maeva, cinq ans, refusent la plupart des invitations et évitent de recevoir des invités à cause du comportement de leur fille.

## Comment ça se passe

Maeva est extrêmement insolente envers les adultes, et notamment ses parents. Elle ne les écoute pas, monopolise sans cesse l'attention par ses crises et ses désobéissances. À table, devant des amis de ses parents, elle refuse de manger ce que Nathalie, sa mère, a préparé ; elle hurle que ça va la faire vomir, qu'elle n'a pas faim, qu'elle ne veut pas rester à table, que son assiette ne lui plaît pas, qu'elle en veut une autre. Sa mère, après avoir dit non, cède en espérant éviter la crise, mais ça ne change rien : Maeva sort de table en jetant sa serviette à la figure de Joël, son père, et est suivie de sa mère, affolée, qui la supplie de revenir s'asseoir. Joël fait comme s'il n'avait rien remarqué et se contente de lui demander gentiment de revenir à table. Elle s'installe alors dans un coin de la pièce, d'où elle lance des boulettes de pain vers la table.

### Les conséquences sur la vie de famille

Les parents, déjà accaparés par leur fille au quotidien, peuvent faire une croix sur leur vie sociale. Maeva a gâché le repas des invités et celui de ses parents. Ceux-ci n'ont pas envie d'être humiliés par une enfant de cinq ans au vu et au su de tous ; tant qu'elle se comporte de cette façon, ils préfèrent abandonner l'idée d'être invités et de recevoir.

### En quoi ce n'est pas normal

Se priver de sorties et de visites à cause d'une petite de cinq ans n'est absolument pas normal. Avoir un enfant entraîne certes des contraintes, mais ne doit en aucun cas mettre un terme à la vie sociale des parents.

## Le but visé

**Maeva doit pouvoir passer un repas en compagnie de ses parents et de leurs invités sans faire régner la terreur autour de la table. Si le repas dure trop longtemps pour elle, il est possible de la faire manger avant les adultes. En aucun cas cependant elle ne doit perturber ou gâcher à ce point ce moment de partage.**

## Le diagnostic de super Nanny

Les parents de Maeva la laissent aller beaucoup trop loin et n'interviennent pas vraiment. Ils auraient dû réagir bien plus tôt, et surtout de manière beaucoup plus marquée. On a l'impression qu'elle ne rencontre aucune opposition réelle de la part des adultes, ce qui lui permet de faire absolument ce qu'elle veut.

## Les consignes de super Nanny aux parents

✔ Prévenir Maeva que le repas doit se dérouler dans une ambiance sereine : ses parents ne supporteront pas qu'elle gâche leur plaisir et celui de leurs invités par son comportement.

✔ Intervenir dès les premiers signes de provocation, en ne cédant pas à la demande de Maeva et en lui signifiant clairement qu'aucun écart de comportement ne sera toléré.

✔ La faire sortir de table si elle persiste dans la provocation malgré l'avertissement, en la prenant fermement par le bras pour l'emmener dans une autre pièce.

✔ Fermer la porte de la pièce où elle est isolée, en la prévenant qu'elle en sortira lorsque l'adulte qui l'a punie l'aura décidé.

✔ Sanctionner Maeva de cette façon, après avertissement, chaque fois qu'elle décide de tester les limites de la patience parentale.

## La clé du changement

Une reprise en main très ferme de la part de Joël et de Nathalie peut seule permettre d'inverser la tendance. Sans cela, aucun changement ne sera possible. Il est essentiel de poser les limites que Maeva recherche.

# Les objectifs

## Pour Nathalie

✓ S'opposer à sa fille sans états d'âme lorsque celle-ci dépasse les bornes.

✓ Pouvoir mener une vie sociale normale.

## Pour Joël

✓ Réagir fermement en intervenant lorsque sa fille commence à déraper.

✓ Prêter main-forte à sa femme lorsqu'il faut avertir ou sanctionner Maeva.

## Pour Maeva

✓ Ne plus provoquer systématiquement ses parents.

### Ce qu'il faut absolument éviter

- Faire comme si le comportement de l'enfant était supportable, voire normal.
- La laisser avoir des attitudes inadmissibles sans rien dire.
- Le chantage : « Si tu te tiens bien pendant que les invités sont là, je t'achèterai un hamster. »
- La surenchère dans l'hystérie : la colère froide est plus efficace que les hurlements. Les enfants, surtout s'ils sont énervés, sont sensibles au calme et à la détermination de l'adulte.

### Que faire si elle continue...

Il faut maintenir l'exigence d'un comportement plus adapté de la part de Maeva, et s'en donner les moyens en faisant preuve d'autorité. Les limites doivent être clairement posées, et les sanctions toujours appliquées.

# les règles de base

## → du comportement en société

1. **Restez calme, tout en les reprenant fermement !**
Il faut faire face posément aux débordements divers des enfants.

2. **N'hésitez pas à vous opposer à eux, ne leur cédez pas,**
que ce soit lorsqu'ils réclament ou lorsqu'ils se comportent mal.

3. **Prévenez-les de vos attentes quant à leur comportement.**
Dites-leur clairement et en captant leur regard ce que vous attendez d'eux au moment voulu.

4. **N'hésitez pas à les complimenter.**
Lorsqu'ils se sont bien tenus, dites-leur que vous êtes fier d'eux.

5. **Ne craignez pas leurs colères ou leurs bouderies.**
Les caprices durent moins longtemps et s'espacent dans le temps quand les enfants ont compris que leurs parents ne cédaient pas.

6. **Ne négociez pas avec eux.**
Une fois que vous avez pris une décision, refusez de la discuter.

7. **Ne proférez pas de menaces en l'air.**
Ne menacez pas votre enfant de ce que vous ne pourrez pas tenir.

8. **Ne les séduisez pas par des promesses de récompense.**
La séduction est une très mauvaise façon d'éduquer les enfants ! C'est une forme de manipulation où ils sont instrumentalisés.

9. **Évitez de vous énerver.**
Il ne sert à rien de crier plus fort qu'eux ou de s'emporter.

10. **Ne vous laissez pas faire.**
Vous n'avez aucune raison de vous laisser faire par un enfant !

## Principe de base n° 4

# soyez cohérent !

→ Les règles de comportement envers les autres doivent rester les mêmes.

Les limites que vous posez et les règles que vous énoncez doivent rester les mêmes d'une fois sur l'autre : pas question d'accepter un jour ce que vous aviez interdit la veille, du moins pour ce qui est des relations et du respect de l'autre.

Si vous n'êtes pas cohérent dans les règles et les limites que vous posez, votre enfant aura du mal à situer votre demande, et donc à savoir comment y répondre.

## 1. Parlez… et agissez !

Si vous lui interdisez quelque chose et que vous restez sans réaction lorsqu'il vous désobéit ouvertement, il comprendra vite que l'interdit que vous posez n'en est pas vraiment un. Les interdits, les limites et les menaces que vous énoncez ne doivent jamais être prononcés en l'air. Ils doivent toujours correspondre à un certain comportement de votre part. Paroles et actions doivent se correspondre.

## 2. Mettez-vous d'accord !

Devant votre enfant, ne contredisez pas ce que dit et fait l'autre parent. Si vous menacez votre petit d'une sanction et que votre conjoint éclate de rire devant lui, vous perdez toute crédibilité aux yeux de l'enfant. Les parents doivent se mettre d'accord sur les règles de principe à appliquer en matière d'éducation. Il peut y avoir de petits désaccords lorsque l'enjeu n'est pas trop important, lui acheter ou pas des bonbons par exemple. En revanche, les grands principes éducatifs doivent faire l'objet d'un accord

### ➜ à noter

**Explications ne veut pas dire roman-fleuve. Pour expliquer, quelques mots suffisent. Vous n'avez donc pas besoin de vous enliser dans de longues justifications sans fin. Un simple « parce que ça ne se fait pas » suffit largement à justifier ce que vous exigez d'eux.**

## poser des limites = aimer

N'ayez pas peur de perdre leur affection. Les enfants n'aiment pas être contraints, mais ils aiment ceux qui prennent soin d'eux. Et même s'ils rouspètent et se plaignent, au fond ils apprécient que les adultes leur disent non. Ils savent que leur poser des limites est une preuve d'amour et d'attention. Les enfants à qui les parents n'imposent aucune règle ont l'impression d'être délaissés par les adultes, même s'ils prétendent profiter de leur « liberté ».

sans faille entre vous (le respect de l'adulte, l'interdiction de frapper, d'insulter, le fait de ne pas céder à toutes ses demandes...). Vous devez pouvoir vous appuyer l'un sur l'autre en toute confiance pour éduquer vos enfants. Si vous n'êtes pas d'accord sur certains points, discutez-en loin de leurs oreilles – toujours très attentives à ce genre de discussion ! – et définissez une stratégie éducative commune à appliquer.

### 3. Expliquez-lui toujours les règles

Poser des limites à un enfant et lui imposer des règles se font plus facilement si vous lui dites pourquoi. Pour ce qui concerne le comportement envers les autres, vous pouvez utiliser un argument clé que les enfants, même petits, comprennent étonnamment bien : « Est-ce que tu aimerais que l'on te fasse la même chose ? » Vous serez surpris de constater à quel point ils sont sensibles à cette phrase !

## 4. Donnez-lui l'exemple

Si vous imposez des règles à vos enfants et que vous les transgressez vous-même en leur présence, ils risquent fort d'avoir du mal à vous comprendre... et donc à vous obéir ! Vous devez impérativement être cohérent en respectant vous-même les principes et les règles que vous donnez à vos enfants. Donner l'exemple est sans doute le meilleur moyen éducatif qui soit pour apporter du sens aux règles que vous énoncez. C'est en vous imitant que votre enfant grandit, et c'est en grande partie de cette façon que se fait son éducation.

Il est donc essentiel qu'il n'y ait pas de contradiction entre ce que vous leur demandez de faire et ce que vous faites vous-même. Pas question par exemple de les obliger à ranger leur chambre si toute la maison est en désordre parce que vous n'aimez pas faire le ménage. Une telle attitude risque plutôt de les « bloquer » définitivement sur les questions de la propreté et du rangement.

## ▸ RÉSUMÉ

▸ **Faites ce que vous dites et dites ce que vous faites.** C'est sur cette base que votre enfant peut vous faire confiance. **Si vous êtes cohérent avec vous-même,** et avec votre conjoint, **vos enfants vous obéiront** plus facilement.

# arrêtez de vous disputer !

# Ils se battent sans arrêt

Sami et Inès, huit et dix ans, sont en perpétuel conflit : ils se battent physiquement presque chaque jour, à tel point que leurs parents n'osent pas les laisser seuls à la maison, même pour un court laps de temps.

## Comment ça se passe

C'est l'heure du dîner ; les enfants racontent les incidents de leur journée et ne sont pas d'accord sur un détail. Tout en tapant sur la table avec ses couverts, Sami déclare que sa sœur ne comprend rien à rien. Inès ricane et réplique que c'est son frère qui ne comprend rien, qu'il n'a pas vu ce dont il parle. Sami, au comble de la fureur, lui jette son verre à la figure et fait tomber son assiette par terre sous l'œil consterné des parents. Sami sort en hurlant et en claquant la porte violemment et à plusieurs reprises avant de s'enfermer dans sa chambre. Plus tard, sa mère vient le supplier de manger et, face à ses insultes, finit par laisser un plateau-repas devant sa porte. Le père n'intervient pas, si ce n'est pour dire qu'il en a assez et qu'il prendra ses repas tout seul dorénavant.

## Les conséquences sur la vie de famille

Toute la vie familiale est organisée en fonction des disputes potentielles des enfants. Pour qu'ils ne dorment plus dans la même pièce, les parents ont laissé leur chambre à Sami et ont « emménagé » dans le salon. Les activités à l'extérieur sont réduites pour éviter les crises en public. Il est question de les faire manger séparément : Inès avec son père, Sami avec sa mère, chaque parent restant en tête-à-tête avec son enfant préféré. Les parents ne les laissent jamais seuls ; l'un d'eux va faire les courses tandis que l'autre reste à la maison pour surveiller les enfants.

## En quoi ce n'est pas normal

L'ambiance familiale n'est jamais sereine, ni détendue. Tout peut servir de point de départ à une crise entre les enfants. Les parents vivent dans la hantise du prochain épisode, des vacances, du week-end...

## Le but visé

**Les disputes dans une fratrie sont inévitables, voire utiles : elles permettent à chacun de se différencier et de s'affirmer. Elles ne doivent cependant pas être continuelles, ni surtout déboucher systématiquement sur des échanges de coups : une dispute « normale » doit se cantonner au langage. Enfin, les parents ne doivent pas agir et décider au quotidien en fonction des disputes de leur progéniture.**

## Le diagnostic de super Nanny

Les parents subissent totalement une situation où leurs enfants sont sur le devant de la scène. Ceux-ci décident en fait de toute l'organisation familiale. Il semble que Sami et sa maman aient une relation privilégiée. Le père, quant à lui, se réfugie dans la plainte et a tendance à se retirer de la vie familiale, difficilement supportable.

## Les consignes de super Nanny aux parents

✔ Dire explicitement aux deux enfants que leur comportement est insupportable, et qu'il ne sera plus toléré au sein de la famille.

✔ Les parents doivent récupérer leur chambre.

✔ Arrêter d'agir en fonction des éventuelles disputes des enfants.

✔ Sanctionner tout comportement inadmissible (jeter son assiette, claquer la porte...).

✔ Ne pas les séparer « à titre préventif ».

✔ Confier à chacun des responsabilités distinctes.

✔ La maman des enfants passera davantage de temps avec Inès, et le papa avec Sami.

✔ En cas de dispute, séparer les enfants et les isoler chacun dans une pièce. Sauf si vous avez vu l'un des enfants commettre la faute, ne cherchez pas trop à savoir qui a raison et qui a tort. Cela donne prise à des négociations qui font inutilement durer le conflit. Il faut trancher net, quitte à être injuste.

## La clé du changement

Les parents doivent prendre en charge de façon équitable leurs enfants au lieu d'avoir chacun leur « chouchou ». Ils doivent s'unir et être d'accord pour ne pas subir quotidiennement le stress lié aux disputes de leur progéniture.

# Les objectifs

## Pour la mère

✔ Ne pas se laisser manipuler par son fils.
✔ Agir comme une adulte qui a deux enfants et non pas un seul.
✔ Récupérer la chambre conjugale.

## Pour le père

✔ Réintégrer la vie de famille et tenir son rôle de père.
✔ S'occuper de son fils individuellement.
✔ Récupérer la chambre conjugale.

## Pour Sami

✔ Arriver à contenir ses colères.

## Pour Inès

✔ Cesser de harceler son frère.

## ▶ Ce qu'il faut absolument éviter

- Ne pas sanctionner les comportements inadmissibles (jeter son assiette, hurler, claquer la porte...).
- Ne parler que des disputes entre les enfants.
- Culpabiliser les enfants en leur disant que ce genre de disputes n'existe pas ailleurs.

## ▶ Que faire s'ils continuent...

Il faut peut-être essayer de favoriser l'autonomie affective des enfants, qui doivent avoir chacun leurs amis. La tension pourrait baisser s'ils avaient chacun de leur côté une vie relationnelle indépendante de la famille.

# Occupe-toi de ton petit frère !

Morgane, dix ans, doit s'occuper de son frère de trois ans, Mathis, pour soulager sa maman... quitte à jouer un rôle qui ne devrait pas être le sien.

## Comment ça se passe

Morgane se lève, va réveiller son frère et prépare leur petit déjeuner. Sa maman, qui travaille comme infirmière de nuit, est déjà rentrée, mais s'est tout de suite mise au lit. Son papa se prépare pour aller travailler. Morgane habille Mathis, lui met ses chaussures et son manteau. Une voisine de l'immeuble dont le fils a son âge doit passer pour les emmener à l'école. Les cours de récréation de Morgane et de Mathis ne sont séparées que par un grillage, aussi la petite peut parler avec son frère pour vérifier qu'il va bien. Après l'école, la voisine vient les chercher et les ramène à la maison. Leur maman vient de se lever : est-ce que Morgane peut faire prendre le bain à son frère et le mettre en pyjama ? Le mercredi, Morgane reste à la maison et s'occupe de son frère, qu'elle emmène partout avec elle...

## Les conséquences sur la vie de famille

Ce mode de fonctionnement arrange bien les parents, pris par leurs horaires de travail. Pourtant, la situation n'est pas facile pour Morgane, qui préférerait passer plus de temps à jouer avec ses copines que de jouer les chaperons pour son petit frère.

## En quoi ce n'est pas normal

Un enfant, quel que soit son âge et son degré d'autonomie, n'a pas à jouer le rôle de l'adulte, et encore moins celui de parent... Les soucis et les responsabilités liés à l'éducation d'un enfant ne peuvent être assumés que par les parents. Les enfants trop responsabilisés sont souvent angoissés car ils ne se sentent pas à la hauteur de la tâche qui leur a été confiée.

## Le but visé

**Morgane devrait vivre sa vie de petite fille de dix ans sans avoir à prendre son frère en charge pour la vie quotidienne (le laver, l'habiller, lui donner à manger). Cet aspect-là des choses doit rester le fait des adultes. Une baby-sitter peut tout à fait prendre le relais des parents lorsque ceux-ci travaillent.**

## Le diagnostic de super Nanny

Il faut que les parents prennent leurs responsabilités parentales : ils ont des enfants, ils doivent s'en occuper. Apprendre à ses enfants à être autonomes est une chose, leur confier des responsabilités qui les dépassent en est une autre. Il est important qu'ils mettent en place une juste répartition des rôles : les parents éduquent leur progéniture et organisent les questions matérielles ; les enfants vivent leur vie d'enfant !

## Les consignes de super Nanny aux parents

- ✔ La maman ne se couche pas directement lorsqu'elle rentre du travail : elle prend le petit déjeuner avec ses enfants, elle habille son fils.
- ✔ Elle les emmène à l'école elle-même.
- ✔ Idem pour le bain : c'est elle qui doit faire prendre son bain à Mathis.
- ✔ Pour le mercredi, il faut mettre en place une organisation pour que les enfants ne soient pas livrés à eux-mêmes : centre de loisirs, baby-sitter, garderie...

## La clé du changement

Il faut que les parents de Morgane et de Mathis cessent de considérer que leur fille est une adulte en miniature qui peut les remplacer.

# Les objectifs

## Pour les parents

✔ Être davantage présents pour leurs enfants.

✔ Considérer leurs enfants comme des enfants, qui ont besoin en tant que tels d'être protégés et rassurés.

## Pour Morgane

✔ Arriver à avoir une vie indépendamment du rôle de nounou qu'elle a envers son frère.

## Ce qu'il faut absolument éviter

• La confiance excessive : « Morgane est très mûre et autonome, il n'y a pas de souci à se faire ; elle sait s'occuper des petits… »

• La justification affective : « Morgane adore son frère, elle est très contente de jouer les petites mamans avec lui… »

• Laisser les enfants livrés à eux-mêmes : même s'ils sont « grands », ils ont psychologiquement besoin d'une présence adulte.

## Que faire si ça continue…

Si les parents ne peuvent effectivement pas changer leurs horaires de travail, ils peuvent au moins faire appel à une baby-sitter pour s'occuper des enfants. Ceux-ci doivent avoir un adulte à leurs côtés.

# Il déteste son frère

Raphaël, onze ans, ne cesse de se disputer avec son frère Tristan, qui a sept ans. Il semble qu'il éprouve une grande jalousie envers lui.

## Comment ça se passe

Raphaël cherche sa console : c'est encore son frère qui l'a prise ! Il la lui arrache des mains en hurlant : « Je t'avais prévenu de ne pas toucher à mes affaires ! » Il va ensuite voir sa mère, Cécile, pour se plaindre de son frère, qu'il déteste. Elle devrait le punir davantage au lieu de tout lui passer. Il est bien obligé de se défendre contre le « petit chouchou », puisqu'elle ne fait rien pour lui. Un exemple : elle vient de lui acheter des baskets alors que lui, Raphaël, n'a rien eu. Un copain de Tristan arrive ; Raphaël l'entraîne immédiatement dans sa chambre pour lui montrer ses derniers jeux. En fait, il se débrouille pour que les deux petits ne puissent pas jouer ensemble. Tristan proteste et se tourne vers sa mère pour se plaindre. Celle-ci, qui n'a pas trop suivi l'affaire, leur dit de régler leur différend entre eux. Si Tristan s'ennuie, il n'a qu'à regarder un DVD.

## Les conséquences sur la vie de famille

Ce genre d'incidents est le pain quotidien de la famille. Les deux frères se chamaillent sans cesse, Raphaël étant persuadé que son frère bénéficie d'un régime de faveur. L'ambiance est détestable, tout le monde vit au rythme de leurs disputes et de leurs revendications. Ils se battent souvent, et leur mère met beaucoup de temps à les séparer. Elle n'ose pas les laisser seuls, ce qui complique l'organisation de la vie quotidienne.

## En quoi ce n'est pas normal

Qu'un premier enfant éprouve de la jalousie envers le frère ou la sœur qui le suit est dans l'ordre des choses. Cependant, cette première réaction, très naturelle, ne doit pas devenir le seul mode de relation au sein de la fratrie.

## Le but visé

**Il est inévitable que les enfants d'une même fratrie se disputent : vivre à plusieurs au même endroit entraîne nécessairement des tensions et un certain rapport de forces. La jalousie ne devrait pourtant pas rester le motif principal des rapports entre les deux frères. Ces derniers, même en se disputant, devraient partager de bons moments ensemble, ce qui n'est pas le cas ici.**

## Le diagnostic de Super Nanny

Les deux garçons (surtout Raphaël) sont nettement en compétition vis-à-vis de leur mère. Cette dernière a tendance à réserver un traitement particulier à son fils aîné, qu'elle traite un peu comme l'homme de la maison. Cela entretient la difficulté qu'ont les deux frères à s'entendre. Ils se réfèrent toujours à leur mère : lequel d'entre eux est le préféré ?

## Les consignes de Super Nanny aux parents

- ✔ Passer du temps avec chacun des deux frères séparément.
- ✔ Ne pas laisser Raphaël tenir des discours de petit chef de famille sur son frère : il doit être remis à sa place d'enfant.
- ✔ Ne pas acheter à l'un ce qui a été acheté à l'autre sous prétexte de ne pas les rendre jaloux l'un de l'autre.
- ✔ Faire en sorte qu'ils ne fassent pas les mêmes activités.
- ✔ Quand l'un reçoit un ami, l'autre n'a pas à interférer.

## La clé du changement

Que les enfants comprennent qu'ils ont chacun une relation individuelle avec leur mère.

# Les objectifs

## Pour Cécile

✓ Traiter ses deux fils à égalité : chacun a des besoins affectifs qui lui sont propres.

✓ Ne pas en privilégier un en particulier.

## Pour Raphaël

✓ Arriver à avoir une vie affective en dehors de sa mère.

✓ Comprendre que celle-ci n'a pas besoin qu'il joue au chef de famille.

## Pour Tristan

✓ Développer des relations amicales en dehors de sa famille.

## Ce qu'il faut absolument éviter

• La culpabilisation : « C'est très mal d'être jaloux, on doit toujours aimer son frère (ou sa sœur). »

• La comparaison : « Regardez les enfants des voisins, comme ils s'entendent bien entre eux ! Pourquoi n'êtes-vous pas comme ça ? »

• Le favoritisme, la prise de parti systématique en faveur de l'un des deux enfants.

## Que faire s'ils continuent...

Il faut que Cécile veille à entretenir des relations individualisées avec ses fils : chacun d'eux doit comprendre qu'il ne perd rien lorsqu'elle passe du temps avec son frère.

# les règles de base

## → des relations frères-sœurs

1 **Les disputes entre frères et sœurs sont inévitables.**
Non seulement les disputes dans la fratrie sont inévitables, mais elles sont formatrices pour les enfants : elles leur permettent de trouver leurs marques au sein de la famille et de se construire comme des individus à part entière.

2 **Frères et sœurs peuvent s'aimer beaucoup...**
... même s'ils se disputent aussi beaucoup !

3 **La jalousie des plus grands lorsque naît un bébé dans la famille est dans l'ordre des choses.**
Veillez néanmoins à limiter les manifestations de cette jalousie tout en disant à celui qui est jaloux que vous comprenez ce qu'il ressent.

4 **N'essayez pas d'être juste à tout prix.**
Donner la même chose à chaque membre de la fratrie ou être toujours parfaitement équitable sont des missions impossibles !

5 **Essayez de maintenir une relation individuelle avec vos enfants.**
Consacrez à chacun du temps de façon séparée.

6 **Les disputes entre frères et sœurs ne doivent en aucun cas déterminer toute la vie familiale.**
Sans être sous le signe de l'harmonie parfaite, une famille doit partager de bons moments, sans vivre dans un stress constant.

7 **Ne faites pas dans l'interventionnisme exagéré.**
Inutile de chercher à savoir ce qui s'est « vraiment passé » : vous serez toujours injuste envers l'un ou l'autre.

# fais attention !

# Ils sont casse-cou

Quentin, cinq ans, et son frère Valerio, quatre ans, sont de vrais casse-cou. Ils semblent n'avoir aucune conscience du danger, et multiplient les jeux à risques.

## Comment ça se passe

Quentin et Valerio sont en ville et font du vélo avec leurs parents. Ils suivent leur père, Claude, qui ne fait pas vraiment attention à ce qu'ils font. Maria, leur mère, a rencontré une amie et elle s'est arrêtée pour discuter en observant les enfants de loin. Elle leur avait demandé de rester avec elle, mais leur père les a autorisés à le suivre. Il roule donc devant ses fils, sans se retourner pour voir ce qu'ils font. Les petits, qui ne sont pas vraiment surveillés, s'amusent à faire des dérapages, à faire la course... au milieu d'une artère très fréquentée. Leur maman, affolée, constate ce qui se passe et leur crie de revenir près d'elle. Le père poursuit sur sa lancée sans avoir l'air de savoir ce qui se passe. Les enfants continuent à prendre des risques, aucun adulte n'étant assez près d'eux pour empêcher un accident.

### Les conséquences sur la vie de famille

Bien évidemment, les conséquences de ce comportement concernent en premier lieu la sécurité des enfants. Ils risquent de se faire renverser par une voiture et de se blesser sérieusement. S'ils n'ont pas conscience du danger en général, ils ne peuvent pas se protéger.

### En quoi ce n'est pas normal

Les parents doivent protéger leurs enfants. En faisant cela, ils leur apprennent aussi à se protéger. Ici, les enfants sont livrés à eux-mêmes dans une situation dangereuse… alors que leurs parents sont là ! Dans la mesure où des adultes sont présents, ils doivent faire attention à ce que les enfants ne se mettent pas en danger.

## Le but visé

**Claude n'aurait pas dû passer outre l'inquiétude de sa femme. Elle avait raison de ne pas laisser les enfants suivre leur père dans les conditions décrites. Ensuite, celui-ci devrait au moins surveiller les faits et gestes de Quentin et de Valerio. Il devrait les suivre plutôt que les précéder, et leur interdire tout comportement risqué : dérapages, course…**

## Le diagnostic de super Nanny

Les parents sont en désaccord sur l'attitude à avoir ; ils se contredisent devant les enfants. Ceux-ci sont en situation de danger, et jouent les intrépides sans que les adultes puissent intervenir. Le problème, c'est qu'ils se mettront toujours en danger si on ne leur montre pas les limites.

## Les consignes de super Nanny aux parents

✔ Les parents doivent se mettre d'accord et expliquer aux enfants que la situation est dangereuse : en ville, parmi les voitures, ils ne peuvent pas faire tout ce qu'ils voudraient faire.

✔ Leur dire une à une les règles à respecter : rouler bien à droite, ne pas se dépasser, regarder devant soi, signaler que l'on va tourner, suivre l'adulte...

✔ Devant les comportements à risques d'un enfant, il faut réagir de façon immédiate : si un petit ne respecte pas les consignes données de façon délibérée, il faut l'attraper en le regardant dans les yeux et en haussant le ton, puis le faire descendre de vélo et le ramener à la maison si c'est possible.

## La clé du changement

Claude doit se rendre compte que ses enfants se mettent en danger... sous ses yeux. En prenant conscience de cela, il pourra changer d'attitude.

# Les objectifs

## Pour le père

✔ Regarder ce que font ses enfants, et être prêt à intervenir. Faire attention à eux !

## Pour la mère

✔ Son inquiétude est légitime.
Il faut qu'elle fasse respecter ses décisions par son mari au lieu de le laisser mettre les enfants en danger.

## Pour les enfants

✔ Apprendre à évaluer le danger.

✔ Écouter et appliquer les consignes de sécurité.

## Ce qu'il faut absolument éviter

• Dire : « Laissons-les faire, c'est comme ça qu'ils apprennent ! » C'est parfois vrai mais, ici, les enfants sont vraiment en danger. À quatre et cinq ans, ils ne peuvent se protéger eux-mêmes.

• Laisser des petits en mouvement sans surveillance.

• Leur dire : « S'il vous arrive quelque chose, ce sera de votre faute ! » S'il leur arrive quelque chose, ce sera de la faute de l'adulte qui n'a pas su leur dire non.

## Que faire s'ils continuent...

Il faut les suivre de très près et guider leurs gestes. En sentant que leurs parents leur prêtent une attention particulière, ils deviendront eux-mêmes plus prudents.

# Il a un comportement violent avec les autres

Guillaume, quatre ans, est la terreur du cours de gym : bien que petit et fluet, il pousse violemment les autres enfants, pour « rigoler ». À l'école, avec ses copains, et à la maison, avec son frère et sa sœur, c'est la même chose.

## Comment ça se passe

Guillaume, deuxième enfant d'une fratrie de trois, ne tient pas en place. Dans l'escalier, son frère marche devant lui. Guillaume le pousse violemment dans le dos. Son frère se rattrape à temps à la rampe. Christine, la mère, lui dit gentiment qu'il ne faut pas pousser les autres : son frère aurait pu tomber et se faire mal. Guillaume propose ensuite à son frère de « jouer » : il s'agit d'enfourcher la rampe d'escalier pour glisser. Christine réagit en essayant de le détourner de cette idée : elle propose d'aller chercher des glaces. Les enfants, contents, se précipitent dans la rue. Guillaume profite de l'enthousiasme du moment pour faire un croche-pied à son frère, qui tombe de tout son long.

## Les conséquences sur la vie de famille

Guillaume est dangereux pour certains de ses proches, notamment pour son frère et ses camarades de classe, qu'il agresse physiquement sans avoir l'air de se rendre compte de ce qu'il fait. Les parents hésitent à le laisser avec son frère et sa sœur, car ils craignent des dérapages. Ils appréhendent également les remarques des instituteurs ou de la prof de gym. Guillaume a déjà été menacé d'être exclu du club de foot.

## En quoi ce n'est pas normal

Disputes et tiraillements entre frères et sœurs font partie de la vie de famille, mais ne doivent pas être systématiques, ni continuels. Un enfant ne doit pas être un danger pour les autres, or l'agressivité de Guillaume prend un caractère qui n'est pas tolérable.

# Le but visé

**Il faut réduire l'angoisse des parents, qui appréhendent les remarques de l'extérieur et l'accident que leur fils pourrait causer à autrui. Les enfants de l'entourage de Guillaume ne doivent pas être en danger. Guillaume, lui, ne devrait pas faire l'objet d'une surveillance continuelle, pénible pour ses parents.**

## Le diagnostic de super Nanny

Guillaume est dangereux pour les autres, et aussi pour lui-même. Il n'a pas intégré certaines limites : ainsi, il ne semble pas penser aux conséquences de ses gestes, très brusques. Il n'a aucune mesure. L'attitude de ses parents est ambiguë : à aucun moment sa mère ne se fâche ou ne lui interdit formellement certains gestes. Elle se contente de lui dire doucement que ce qu'il vient de faire n'est pas très gentil, et qu'il ne faut pas recommencer. Guillaume ne peut pas se rendre compte de ce qui ne va pas car ses parents ne lui disent pas en quoi son comportement est insupportable. Ils devraient non seulement lui dire que ce dernier est inadmissible, mais aussi le sanctionner à chaque dérapage.

## Les consignes de super Nanny aux parents

✔ Prévenir Guillaume que, désormais, ses débordements gestuels ne seront plus tolérés.

✔ Lui expliquer que son comportement envers les autres peut être dangereux pour ceux-ci, en lui demandant par exemple de se mettre à leur place : « Est-ce que tu aimerais qu'on te pousse très fort dans le dos comme tu viens de le faire à ton frère ? »

✔ Passer du temps seul avec lui, sans son frère ou sa sœur ; faire des activités avec lui.

✔ Exiger qu'il essaie de maîtriser ses gestes.

✔ En cas de comportement agressif, l'isoler et interrompre l'activité en cours.

## La clé du changement

Faire comprendre à Guillaume ce que peuvent ressentir les enfants qu'il agresse en lui demandant de se mettre à leur place.

# Les objectifs

### Pour la mère

- ✓ Intervenir de façon bien plus énergique lorsque son fils dérape, en lui rappelant que son comportement est condamnable et en le sanctionnant immédiatement.
- ✓ Passer davantage de temps seule avec Guillaume.

### Pour le père

- ✓ Intervenir davantage.
- ✓ Passer plus de temps en tête-à-tête avec son fils.

### Pour Guillaume

- ✓ Maîtriser ses gestes et son agressivité.
- ✓ Pouvoir s'exprimer sans hurler.

## ▶ Ce qu'il faut absolument éviter

• Les excuses du genre : « S'il est comme ça, ce n'est pas de sa faute, c'est parce qu'il est hyperactif. » Même s'il est hyperactif, cela ne justifie pas qu'il représente une menace pour les autres enfants.

• Le laisser-faire, l'absence d'intervention. En agissant ainsi, les adultes laissent Guillaume penser que ce qu'il fait n'est pas bien grave et ne mérite pas plus qu'une petite remarque.

## ▶ Que faire s'il continue...

Il faut réagir systématiquement sans rien laisser passer, et sanctionner Guillaume ou l'isoler si besoin est. Ses parents devront continuer à passer des moments seuls avec lui, qui lui seront exclusivement consacrés.

# On ne peut les laisser seuls cinq minutes

Nicolas et Valentin, cinq et quatre ans, sont des enfants très turbulents. Ils ne semblent respecter aucune consigne de sécurité.

## Comment ça se passe

Pendant qu'Isabelle, leur mère, prépare le repas, Valentin tente d'introduire un stylo dans une prise électrique et Nicolas tire énergiquement sur le fil de la grosse lampe du salon. Isabelle est hors d'elle. Elle leur crie d'aller dans leur chambre, mais ils courent dans la cuisine, où Nicolas se saisit du manche de la casserole pendant que son frère triture les boutons du four. Pour faire diversion, elle les emmène acheter le pain. Ils marchent devant elle, et elle ne cesse de les rappeler à l'ordre en haussant nettement le ton : « Ne va pas ici » ; « Je t'interdis d'aller là » ; « On rentre tout de suite si vous continuez... » Plus elle crie, moins les enfants semblent l'entendre. Lorsque Nicolas traverse la rue sans regarder, Isabelle décide de rebrousser chemin : ils n'en font qu'à leur tête, elle n'en peut plus ; demain, ils seront punis, ils n'iront pas à la fête foraine.

### Les conséquences sur la vie de famille

L'ambiance est stressée, électrique, peu propice aux échanges entre parents et enfants. Plus Isabelle crie, moins elle semble capable de se faire obéir. Il en résulte un climat désagréable ; les parents ne veulent plus sortir avec leurs enfants, et n'osent pas non plus les confier à quelqu'un le temps d'une soirée. Les activités de la vie quotidienne sont compliquées ; pendant qu'Isabelle reste avec les enfants, Michel, le père, assure les courses, les visites chez le médecin...

### En quoi ce n'est pas normal

Des enfants qui ont suffisamment intégré les consignes de sécurité minimales ne devraient pas cumuler à ce point les comportements dangereux. Stress et bruit au quotidien sont toujours insupportables. De même, il n'est pas normal que des adultes modifient leurs projets parce qu'ils ont peur du comportement de leurs enfants.

## Le but visé

**Faire preuve d'autorité ne veut pas dire hurler sans cesse et interdire « tous azimuts ». Il faut être autoritaire à bon escient et hiérarchiser ce qui mérite d'être puni et ce qui mérite simplement une remarque. Si tout est mis au même niveau, l'enfant ne fait plus la différence entre ce qui est sanctionnable et une bêtise anodine.**

## Le diagnostic de Super Nanny

Nicolas et Valentin ne respectent pas les consignes élémentaires de sécurité. Leur maman les noie sous une avalanche d'interdits (qui ne sont ni expliqués ni justifiés), de cris et de punitions. Ils ne peuvent pas, dans ces conditions, faire la différence entre ce qui est autorisé et ce qui ne l'est pas, ce qui est dangereux et ce qui ne l'est pas. Isabelle doit réagir quand c'est nécessaire, non de façon systématique. Le papa laisse trop souvent son épouse seule avec les enfants. Il doit intervenir davantage à la maison et dans l'éducation des petits. On les fait à deux, on les élève à deux !

## Les consignes de Super Nanny aux parents

✔ Expliquer aux enfants qu'ils vont devoir maintenant respecter les consignes de sécurité que les parents leur expliquent.

✔ Enlever les cache-prise et les diverses sécurités destinées aux enfants. Il vaut mieux qu'ils comprennent et retiennent les règles de sécurité.

✔ Expliquer calmement que certaines choses sont dangereuses dans la maison (électricité, eau bouillante, objet qui peut tomber...).

✔ Interdire couteaux, ciseaux à bouts pointus et accès aux fenêtres, en expliquant toujours pourquoi.

✔ N'intervenir que si les enfants se mettent en danger. Il faut leur faire confiance : ils peuvent être prudents, même si maman ne surveille pas leurs moindres mouvements.

✔ Laisser le papa passer des moments seul avec ses enfants.

## La clé du changement

Qu'Isabelle fasse confiance à ses enfants. Ils ne peuvent changer de comportement s'ils sont considérés comme des assistés perpétuels.

# Les objectifs

## Pour Isabelle

- ✔ Apprendre à intervenir à bon escient.
- ✔ Faire confiance à ses enfants (en les surveillant discrètement néanmoins).
- ✔ Demander à son mari d'être plus présent.

## Pour son mari

- ✔ Être plus présent et soutenir sa femme.
- ✔ Passer du temps seul avec ses fils.

## Pour Nicolas et Valentin

- ✔ Écouter les explications sur les dangers à la maison, et en tenir compte.
- ✔ Prouver à leur entourage que l'on peut leur faire confiance.

## Ce qu'il faut absolument éviter

• Le tout sécuritaire. La meilleure protection reste l'explication, conjuguée à la surveillance discrète.

• L'autorité qui s'exerce sans distinction. Pour être efficace, il faut savoir évaluer à quel moment on doit se montrer autoritaire. Sinon, l'enfant ne fait plus la différence : pour lui, tout ce qu'il fait est mal ou dangereux.

## Que faire s'ils continuent...

Il faut impérativement qu'Isabelle apprenne à rester calme avec ses enfants, qu'elle cesse de leur hurler dessus au moindre geste. Leur comportement dépend en effet beaucoup du sien !

# les règles de base

→ pour leur apprendre à ne pas se mettre en danger

**1** **Endroits et objets à risques doivent être clairement désignés.**
Montrez aux enfants ce qui peut être dangereux dans la maison : prises électriques, cuisinière, robinets d'eau chaude, escaliers...

**2** **À chaque fois, il faut parler de façon très claire du danger.**
Par exemple, toucher aux casseroles qui sont sur la gazinière est dangereux parce qu'elles sont très chaudes, et que cela peut brûler la peau.

**3** **Accompagnez-les lorsqu'ils s'intéressent à un endroit ou à un objet potentiellement dangereux.**
Guidez-les en répétant à chaque fois vos explications et en les regardant droit dans les yeux.

**4** **Surveillez-les, bien sûr, mais sans faire le gendarme !**
Sinon ils ne pourront pas profiter de leurs moments de jeu et de détente.

**5** **Intervenez fermement lorsqu'ils essaient de vous désobéir.**
Expliquez-leur que leur désobéissance est dangereuse pour eux et que vous ne voulez pas qu'ils se fassent mal. Éloignez-les fermement s'ils persistent.

**6** **Donnez vous-même l'exemple.**
Respectez les consignes de sécurité, et vos enfants vous imiteront.

**7** **Ne soyez pas sans arrêt derrière eux.**
Veillez à ce que les risques d'accident domestique soient écartés, mais ne soyez pas en permanence sur leurs talons pour leur éviter de se faire mal : les enfants doivent aussi faire leurs propres expériences.

**8** **Félicitez-les à chaque fois qu'ils font preuve de prudence.**

Principe de base n° 5

# faites-vous obéir !

Se faire obéir de ses enfants leur permet d'intégrer les règles minimales de sécurité et de vie en société.

Il est essentiel de savoir se faire obéir de ses enfants. Rassurez-vous, il n'est pas question de vous transformer en adjudant-chef terrorisant sa progéniture à coups de martinet. Quelques méthodes simples vous permettront de satisfaire pleinement cette exigence sans devenir un tyran.

Certains considèrent que l'obéissance n'est pas une bonne chose. Ils pensent qu'exiger cela des enfants revient à les soumettre à une sorte de dictature exercée par les adultes. Autrement dit, pour eux, des enfants obéissants sont des enfants qui ne sont pas libres. Pourtant, un enfant à qui ses parents interdisent de traverser la rue et qui n'obéit pas met sa vie en danger. Un enfant qui n'écoute pas ses parents lorsque ceux-ci lui demandent d'avoir une attitude respectueuse risque d'avoir des problèmes en société. Il ne s'agit pas de faire de nos enfants de bons petits soldats au garde-à-vous, mais simplement des enfants avec qui il est agréable de vivre et qui savent respecter les autres.

**➜ pour se faire obéir**

- Expliquez à l'enfant ce que vous attendez de lui. Pour cela, mettez-vous à sa hauteur, captez son regard et regardez-le droit dans les yeux pendant le temps de votre explication.
- Réagissez immédiatement s'il transgresse la règle.

## 1. Expliquez !

La première chose à faire pour vous faire obéir consiste à dire et à expliquer aux enfants ce que vous attendez d'eux. C'est d'une logique imparable : ils ne peuvent vous obéir que s'ils savent ce que vous attendez d'eux, et ils ne peuvent connaître vos attentes que si vous les leur exprimez verbalement. Ce que vous leur demandez doit par ailleurs être simple à comprendre pour eux et très clairement exprimé. Par exemple, si vous leur dites « Je ne veux pas que vous courriez en hurlant dans les rayons du supermarché pendant que je fais les courses », le message est clair et accessible.

## trop de règles tuent la règle

Inutile de prévoir des règles pour chaque situation car, si elles sont trop nombreuses, elles n'ont plus vraiment de sens. Ce ne sont pas les détails qui comptent, mais les principes généraux, comme le respect des adultes et des autres enfants, la politesse, la capacité à ne pas toujours suivre son bon plaisir...

### 2. La force de l'attitude corporelle

Pour leur dire ce que vous attendez d'eux, adoptez un certain comportement corporel : vous devez vous mettre à la même hauteur qu'eux, prendre soin de bien capter leur regard et ne commencer à parler que lorsqu'ils vous regardent. Ils doivent se sentir concernés par ce que vous leur dites pour que le message « passe ». Si vous avez plusieurs enfants, regardez-les individuellement les uns après les autres droit dans les yeux, même si vous vous adressez à eux collectivement. Les enfants doivent comprendre que l'enjeu est important, et c'est votre attitude corporelle, en plus de ce que vous dites, qui va le leur indiquer.

### 3. Veillez à rester crédible

Si vous voulez que vos enfants vous obéissent, cela veut dire que vous avez formulé un interdit ou que vous leur demandez un comportement qui n'est pas forcément spontané pour eux (de ne pas courir dans tous les sens par exemple). Face à un interdit ou à un ordre, la tendance naturelle de l'enfant va être de vérifier que l'adulte à qui il a affaire est vraiment décidé à se faire obéir. En d'autres termes, l'enfant va rapidement vouloir tester jusqu'où il peut aller dans la désobéissance. Une obéissance délibérée, immédiate et spontanée de la part d'un enfant est assez rare, mais vous devez absolument éviter de répéter plus de trois fois le même ordre si vous voulez rester crédible. Un exemple : le petit Léo, sept ans, met toujours beaucoup de temps pour s'habiller. Sa mère reste près de lui en se contentant de répéter toujours de la même façon : « Mets tes chaussettes » ; « Enfile ton pull »... Comme il n'a toujours pas obéi au bout d'une demi-heure, elle l'habille elle-même. Pour vous faire obéir, évitez de répéter trop souvent le même ordre : à force d'être martelé sur le même ton, celui-ci perd son sens. L'enfant ne sait plus trop ce que vous lui demandez ; en revanche, il sait très bien qu'il peut faire traîner les choses en longueur encore un bon moment !

### ➜ un truc

De façon générale, les enfants n'aiment pas s'interrompre lorsqu'ils sont occupés à jouer. Si vous devez les emmener avec vous pour un rendez-vous ou pour aller faire des courses, prévenez-les suffisamment tôt de votre projet. Ils pourront ainsi se préparer à l'idée et réagir sans trop d'énervement le moment venu.

## ▸ RÉSUMÉ

- ▸ Lui dire non et lui **expliquer pourquoi**.
- ▸ Le **« non »** est répété sans ménagement.
- ▸ En cas de troisième « non » resté sans effet, c'est la **sanction**.

# c'est l'heure du bain !

# Se laver les dents = mission impossible

Margaux, cinq ans, déploie chaque soir des trésors d'ingéniosité pour ne pas se laver les dents ; pendant une demi-heure, c'est le bras de fer avec ses parents.

## Comment ça se passe

Après le dîner, Alix ordonne à sa fille d'aller se laver les dents ; elle lui a préparé sa brosse, y a étalé le dentifrice. Margaux se dirige vers la salle de bains. N'entendant pas l'eau couler, sa maman se déplace : la petite est plongée dans la contemplation d'un livre. Alix lui répète d'aller se laver les dents. Margaux amorce un mouvement, puis ramasse un jouet, va le ranger dans sa chambre et s'allonge sur son lit. Sa mère la rappelle à l'ordre : « Va te laver les dents ! » Margaux répond qu'elle ira quand elle aura terminé ce qu'elle est en train de faire. Son père intervient : « Si tu ne te laves pas les dents, de petites bêtes vont les manger et tu n'en auras plus. » Sur ce, Iris, sa petite sœur, commence à hurler : elle ne veut pas que sa sœur soit mangée par les bêtes !

### Les conséquences sur la vie de famille

Une petite tension en début de soirée, sans grande conséquence par ailleurs. Il faut simplement que Margaux prenne l'habitude de se laver les dents sans que cela prenne des heures. Ses parents passeront une soirée plus détendue quand ils n'auront plus besoin de maintenir la pression.

### En quoi ce n'est pas normal

Les enfants sont rarement des fans de l'hygiène en général et du brossage de dents en particulier. Ils ne pratiquent pas spontanément cette activité. Ce n'est pas un drame ! Quelques trucs assez simples permettent en général de régler efficacement le problème.

## Le but visé

**Un enfant se brosse les dents après le repas, avant d'aller au lit. L'opération ne doit pas s'étaler sur plus de quelques minutes !**

**Il ne s'agit pas non plus d'entamer un bras de fer à propos du lavage des dents. L'enfant doit comprendre qu'il a plus intérêt à se laver les dents que d'essayer de s'y soustraire : quand elle aura fini, Margaux aura droit à une histoire !**

## Le diagnostic de Super Nanny

Margaux est une petite fille tout à fait normale, qui réagit d'une façon habituelle pour une enfant de cet âge. Sa mère ne devrait peut-être pas lui préparer sa brosse : cela n'autonomise pas vraiment sa fille, qui a l'âge de le faire elle-même. En revanche, les parents ont raison de ne pas « lâcher l'affaire » et de maintenir leur demande.

## Les consignes de Super Nanny aux parents

✔ Continuer à répéter tous les soirs qu'il faut aller se brosser les dents.

✔ Éventuellement, aller avec Margaux dans la salle de bains pendant qu'elle doit se laver les dents.

✔ Éviter les menaces du genre : « Les bêtes vont te manger ! » Soit l'enfant n'y croit pas et ça ne sert à rien, soit il y croit et cela lui fait peur inutilement en lui donnant l'idée que ces bêtes qui peuvent le manger s'il ne se lave pas les dents existent vraiment.

## La clé du changement

Margaux doit comprendre qu'elle a plus vite fait d'obéir et de se laver les dents que de laisser traîner les choses en longueur en espérant que ses parents vont « oublier ».

# Les objectifs

## Pour les parents

✔ Que le brossage des dents de Margaux ne prenne pas plus de cinq minutes entre le moment où elle va à la salle de bains et le moment où elle en sort avec les dents propres !

## Pour Margaux

✔ Prendre l'habitude de se brosser les dents chaque soir, sans traîner inutilement.

## Ce qu'il faut absolument éviter

- La dramatisation : il s'agit de rester ferme dans sa demande, sans s'énerver.
- Le laxisme : si les parents laissent tomber face à l'inertie de Margaux, ils auront plus tard beaucoup de mal à obtenir qu'elle se brosse les dents.

## Que faire si elle continue...

Il faut également continuer à lui demander de le faire, toujours sans s'énerver. On peut aussi acheter avec elle une jolie brosse à dents colorée et du dentifrice pour enfants. Les brosses à dents électriques remportent un certain succès auprès des enfants : pourquoi ne pas essayer ? Éventuellement, les parents peuvent se brosser les dents en même temps que Margaux pour qu'elle puisse prendre exemple sur eux.

# Elle s'habille n'importe comment

Mélanie, treize ans, a choisi son style vestimentaire, au grand désespoir de ses parents : piercing, collier de chien, tenue gothique, elle fait dans la provocation.

## Comment ça se passe

Mélanie, qui est physiquement très grande pour son âge, passe tout son temps libre avec les adolescents de son immeuble. Sa mère et son beau-père travaillent tous les deux, et ne peuvent donc pas être avec elle lorsqu'elle n'est pas en cours. Depuis quelque temps, elle porte des colliers de chien, qu'elle assortit de tenues noires savamment déchirées. Elle s'est également mise à fumer. Lorsqu'elle va en week-end chez son père, celui-ci ne dit rien devant les tenues de sa fille. Il trouve qu'il la voit trop peu pour entrer en conflit avec elle lorsqu'elle est chez lui. Sa mère et son beau-père, en revanche, lui font des remarques et lui interdisent par exemple de porter des colliers de chien : elle n'est pas un animal. Son maquillage, nettement excessif, pose aussi problème. Tout cela donne lieu à de fréquentes disputes.

## Les conséquences sur la vie de famille

Le climat familial est très déplaisant. Les adultes se sentent provoqués, et ils supportent mal d'être en compagnie d'une adolescente qui s'habille et se tient de cette façon. Les tensions sont nombreuses. La mère reproche au père de ne pas intervenir ; celui-ci réplique qu'il n'est pas là pour se fâcher avec sa fille. Les relations entre les ex-conjoints se compliquent un peu plus à cause de l'attitude de Mélanie.

## En quoi ce n'est pas normal

Les tensions familiales et les disputes autour de la tenue de Mélanie sont difficiles à vivre pour tout le monde. La provocation au quotidien est usante, et suscite un rapport de forces qui fatigue tous les membres de la famille. Sa mère et son beau-père appréhendent les dernières innovations de la jeune fille en matière de look.

# Le but visé

**Mélanie peut tout à fait avoir un style personnel sans provoquer à ce point. Le maquillage à treize ans ne s'impose pas, loin de là. De même, certains accessoires ne devraient pas être acceptés. Plus tard, dans quelques années, elle s'habillera comme une femme. À son âge, elle peut encore attendre.**

## Le diagnostic de Super Nanny

Cette période, difficile pour Mélanie, est pénible pour toute la famille. Malgré sa volonté de s'afficher comme une grande, Mélanie est encore une enfant qui vit avec ses parents. Il est normal que ceux-ci aient un droit de regard sur la façon dont elle s'habille et se maquille. L'attitude de son père, qui refuse de prendre position, pose problème. Sa mère et son beau-père réagissent verbalement, ce qui est un bon début, mais ils doivent aussi montrer concrètement leur désaccord. Mélanie doit accepter les règles qu'ils fixent. À l'intérieur de ce cadre, elle pourra choisir son look : elle n'est plus une petite fille que ses parents habillent, mais elle n'est pas encore une adulte qui s'habille comme elle seule l'entend. À elle de trouver un compromis !

## Les consignes de Super Nanny aux parents

✔ Expliquer à Mélanie que sa tenue n'est pas adaptée à son âge, et qu'il va falloir en changer.

✔ Lui interdire les accessoires problématiques, comme les colliers de chien.

✔ Refuser d'acheter ou de la laisser s'acheter les vêtements qu'ils jugent inadaptés à son âge et à sa situation.

✔ Autoriser éventuellement le maquillage, à condition qu'il soit discret.

✔ Essayer de discuter calmement avec elle : elle est sûrement mal dans sa peau pour provoquer de la sorte.

## La clé du changement

Il faut que Mélanie comprenne qu'elle ne s'habille pas comme elle veut dans la mesure où elle vit chez ses parents, comme toute fille de son âge.

# Les objectifs

## Pour le père

- ✓ Soutenir son ex-femme.
- ✓ Expliquer à sa fille qu'il ne veut pas qu'elle porte ces vêtements, même chez lui.

## Pour la mère

- ✓ Rester ferme sans tomber dans l'énervement continuel.
- ✓ Confisquer ce qui pose problème, calmement et en expliquant pourquoi.
- ✓ Tenter de comprendre sa fille : que cherche-t-elle ? Pourquoi ?

## Pour le beau-père

- ✓ Continuer à soutenir sa femme, en intervenant dans l'éducation de sa belle-fille.

## Pour Mélanie

- ✓ Trouver un compromis entre ce qui lui plaît et ce qui convient à ses parents.

## ▶ Ce qu'il faut absolument éviter

- Les moqueries, l'humiliation, les remarques du genre : « Aboie un peu, pour voir. »
- L'énervement excessif, qui risque d'entraîner une surenchère chez Mélanie.
- Le laisser-faire au nom de la liberté. Les adultes doivent marquer clairement leur opposition pour que Mélanie comprenne les limites à ne pas franchir.

## ▶ Que faire si elle continue...

Prendre des sanctions, qui auront été énoncées à l'avance (supprimer une sortie...). Lui demander quels vêtements elle aimerait vraiment avoir qui conviendraient aussi à ses parents. Si la situation s'enlise, l'internat peut être une solution.

# Le bain est un moment de tension

Kevin et Léo sont turbulents, contrairement à Océane, leur grande sœur de sept ans. Sylvie, leur maman, les baigne ensemble. Tous les soirs, la salle de bains se transforme en piscine et c'est l'épreuve de force.

## Comment ça se passe

Les trois enfants traînent pour se déshabiller et saisissent le moindre prétexte pour sortir de la salle de bains. Sylvie doit les harceler pour qu'ils se déshabillent. Quand ils le font, ils jettent leurs vêtements en vrac dans un coin. Une fois dans la baignoire, ils s'aspergent en hurlant, se poussent... Sylvie est obligée de crier et de les saisir par le bras pour essayer de les calmer. Cela amuse beaucoup les enfants, qui prennent ça comme un jeu. Leur maman les presse de se savonner, mais ils continuent à se lancer de l'eau et à crier sans l'écouter. Pour être obéie, Sylvie secoue Kevin un peu violemment. Pendant ce temps, Léo est poussé par sa sœur et commence à pleurer. Quand le bain est terminé, Sylvie est à bout de nerfs, elle est trempée, la salle de bain est inondée et les enfants pleurent.

## Les conséquences sur la vie de famille

Le moment du bain, qui devrait permettre aux enfants de se détendre avant d'aller au lit, devient ici synonyme de tension intense. De ce fait, le coucher ne peut pas s'effectuer dans de bonnes conditions : les enfants sont énervés, et leur maman, à bout de patience, est peu encline aux câlins.

## En quoi ce n'est pas normal

Les parents ne doivent pas en venir à redouter le moment du bain, moment de calme et de détente.

# Le but visé

**Le bain doit se dérouler dans une ambiance sereine : c'est l'occasion de se détendre dans l'eau, de jouer tranquillement dans la baignoire... sans pour autant transformer toute la salle de bains en pataugeoire. Avant le dîner ou le coucher, en début de soirée, il convient que les tensions de la journée s'apaisent, et que parents et enfants se retrouvent pour un moment privilégié.**

## Le diagnostic de super Nanny

Mettre trois enfants en même temps dans une baignoire, c'est prendre un risque certain ! Il y a en effet toutes les chances pour qu'ils se saisissent de cette occasion pour imposer leurs jeux à l'adulte, seul face à eux. Sylvie, pressée de voir ce moment pénible s'achever, en rajoute en matière de stress en criant et en les houspillant.

## Les consignes de super Nanny aux parents

✔ Prévenir les enfants et leur expliquer que, désormais, ils prendront leur bain séparément.

✔ Un quart d'heure avant le moment prévu, prévenir celui qui doit se laver qu'il commence à ranger ses jouets et qu'il se déshabille.

✔ Leur faire systématiquement ramasser leurs habits pour les mettre dans le bac à linge sale avant d'entrer dans la baignoire.

✔ Pendant le bain, rester près de celui qui se baigne (s'il le souhaite !) et jouer avec lui à des jeux calmes : transvaser de l'eau dans une bouteille, jouer à la marchande...

✔ Limiter la durée du bain à environ 10 minutes par enfant.

✔ À partir de trois ans, les enfants peuvent se savonner et se rincer tout seuls.

✔ Prévenir l'enfant quelques minutes avant la sortie du bain et le sécher en lui faisant un câlin.

✔ Le père doit aussi participer et faire se baigner les enfants.

## La clé du changement

Séparer les enfants : un à la fois dans la baignoire, c'est largement suffisant !

## Les objectifs

### Pour le père

✔ Aider sa femme et participer au moment du bain, qui est aussi un moment éducatif.

### Pour la mère

✔ Ne pas se laisser déborder, et organiser le rituel de telle sorte qu'il se déroule dans le calme.

### Pour les enfants

✔ Profiter de ce moment pour se détendre sans se défouler !

### ▶ Ce qu'il faut absolument éviter

- Les hurlements.
- L'hystérie au milieu de la salle de bains. Inutile d'en rajouter !

### ▶ Que faire s'ils continuent...

Comme toujours avec les enfants, il faut transformer cet épisode quotidien en rituel : heure fixe, durée fixe, même déroulement (vêtements sales dans la corbeille à linge, jeu, savonnage, séchage, câlin...).

# Il n'est pas soigneux du tout

À part le matin, Paco, huit ans, est toujours maculé de taches diverses. Il n'est jamais vraiment net alors qu'il se lave et se change tous les jours, ce qui désole sa maman.

## Comment ça se passe

Une fois habillé, Paco va à l'école. Il est enrhumé, son nez coule, et il n'a pas le réflexe de se moucher. Comme il a oublié de se nettoyer le visage après avoir pris son petit déjeuner, il a des traces de chocolat autour de la bouche. Il marche dans une flaque d'eau : son pantalon est mouillé, et commence à se salir. L'après-midi, sa maman, Dorothée, vient le chercher : comme à chaque sortie d'école, Paco a les cheveux en bataille, ses vêtements sont tachés (traces de feutre, nourriture...), ses mains et son visage sont sales, ses ongles sont noirs. Il a fait un trou à son pantalon, ses baskets, achetées il y a quinze jours, ont déjà l'air d'épaves. Dorothée le lui fait remarquer et lui demande ce qu'il a fait pour se retrouver dans cet état. Rien de particulier, répond-il. De toute façon, sa mère exagère : il n'est pas vraiment sale !

## Les conséquences sur la vie de famille

Ce comportement n'entraîne pas vraiment de répercussions sur le climat au sein de la famille. C'est surtout Dorothée qui est gênée socialement : que vont penser les gens en voyant que son fils a toujours l'air de sortir d'une poubelle? Le fait que Paco ne prenne aucun soin de ses vêtements pose néanmoins problème. Les pantalons et les chaussettes sont vite troués, quant aux baskets, elles s'abîment à une vitesse affolante. Le budget familial se porterait mieux s'il ne fallait pas lui racheter chaussures et pantalons tous les deux mois !

## En quoi ce n'est pas normal

Il n'y pas là de quoi s'inquiéter : très rares sont les petits garçons de cet âge qui se soucient d'avoir l'air propre et bien mis. Jouer au foot avec les copains ou sauter à pieds joints dans les flaques sont des activités bien plus passionnantes que se laver les mains ou se coiffer !

# Le but visé

**Paco doit pouvoir passer une journée sans avoir à se changer. Il faut qu'il parvienne à une certaine autonomie en matière de propreté et qu'il se soucie davantage de son apparence.**

## Le diagnostic de Super Nanny

Rien d'inquiétant dans le comportement de Paco, qui correspond tout à fait à celui d'un petit garçon de son âge. Cependant, sans lui interdire les jeux salissants qu'il apprécie tant, sa maman et son papa peuvent tout de même lui apprendre à faire davantage attention à ses affaires et à son apparence. Cela ne peut que l'aider pour plus tard !

## Les consignes de Super Nanny aux parents

✔ Répéter chaque matin à Paco qu'il doit faire attention à ce qu'il porte : ce serait vraiment très bien qu'il ne perde aucune de ses affaires et qu'il ne troue pas son pantalon.

✔ S'il abîme des vêtements qui viennent d'être achetés, il n'est pas question de les remplacer. S'il ne fait pas attention à ses affaires neuves, tant pis pour lui ! Ses parents ne lui rachèteront rien.

✔ Lui dire de se nettoyer les mains et le visage dès qu'ils sont sales.

✔ Le féliciter lorsqu'il prend soin de ses affaires ou de son apparence.

## La clé du changement

L'argument financier peut être efficace : si Paco comprend que les vêtements et les chaussures ont un prix et que ses parents n'ont pas les moyens d'y consacrer un budget plus important, il y fera certainement plus attention.

# Les objectifs

### Pour les parents

✔ Continuer comme ils le font, en insistant sur le fait que les affaires neuves et abîmées ne seront pas remplacées.

### Pour Paco

✔ Se prendre en charge du point de vue de la propreté et du soin de ses affaires.

✔ Arriver à passer une journée sans avoir de taches sur ses vêtements.

## Ce qu'il faut absolument éviter

- La culpabilisation, les moqueries.
- Les comparaisons avec les autres enfants.
- Le laisser-faire : « Après tout, si ça ne le gêne pas d'être crasseux, tant pis pour lui ! »
- L'obsession de la propreté à tout moment : poursuivre l'enfant avec un gant de toilette à la moindre occasion peut le rendre allergique à l'hygiène !

## Que faire s'il continue...

Persister à appliquer fermement les consignes ! Dans ce domaine, la répétition joue un rôle essentiel.

# les règles de base

## pour leur apprendre l'hygiène

1 **Faites de la toilette un moment rituel, qui a lieu à heures fixes.**
On se lave les dents après les repas, on prend son bain le soir, on se lave les mains avant de passer à table...

2 **Apprenez aux enfants à changer de sous-vêtements tous les jours.**
Chaque matin, dites-leur de prendre des sous-vêtements propres.

3 **Expliquez-leur que les affaires neuves doivent durer un certain laps de temps.**
Prévenez-les que vous ne leur en rachèterez pas avant quelque temps.

4 **Apprenez-leur à mettre chaque soir leur linge au sale.**
Pour cela, il faut que vous le leur demandiez !

5 **Donnez-leur l'exemple.**
Ayez vous-même les comportements que vous exigez d'eux en matière de propreté. C'est encore l'argument le plus efficace !

6 **Félicitez-les lorsqu'ils prennent soin de leurs affaires.**
Les enfants, et surtout les garçons, ne font souvent pas attention à leur apparence. À vous de les y aider !

7 **Évitez les bains collectifs.**
Au lieu d'apaiser les tensions familiales, le bain collectif les augmente. Les enfants prennent leur bain ou leur douche chacun leur tour !

8 **Respectez leur pudeur lorsqu'elle se manifeste.**
Parents et enfants de plus de deux ans ne prennent pas leur bain ensemble. Dès quatre ou cinq ans, ne les lavez plus vous-même et n'entrez pas dans la salle de bains à l'improviste lorsqu'ils y sont. À partir d'un certain âge, les enfants sont gênés de voir leurs parents nus, ou de se trouver nus devant eux.

# range ta chambre !

# Sa chambre est un bazar sans nom

Pol, douze ans, ne range jamais sa chambre et ne supporte pas que sa mère le fasse. Entre ses jeux d'ordinateur et de console, sa connexion Internet et la télé, il vit dans un bazar impénétrable. Il est happé par tous ces jeux, qui le maintiennent en dehors de sa famille.

## Comment ça se passe

Pol est enfermé dans sa chambre, à la porte de laquelle il a mis un verrou « pour avoir la paix ». Sa mère lui demande s'il peut la laisser entrer pour qu'elle puisse ranger. Il refuse net : c'est sa chambre à lui, elle n'a rien à y faire. Il sort pour aller se servir dans le réfrigérateur, et revient dans sa chambre avec des yaourts et des biscuits. Sa mère en est réduite à attendre qu'il sorte pour nettoyer. Lorsqu'elle le fait et qu'il s'en aperçoit, il le prend mal et se met en colère : c'est son territoire, il y fait ce qu'il veut.

## Les conséquences sur la vie de famille

Pol vit reclus dans sa chambre, ne se manifestant que par sa mauvaise humeur et son rejet de la famille. Il se comporte en tyran, ce qui crée des tensions pour les autres membres de la famille, suspendus à ses apparitions et à ses crises. Ses parents en sont réduits à fuir la maison dès qu'ils le peuvent.

## En quoi ce n'est pas normal

Il n'est pas acceptable qu'un enfant de douze ans se considère comme un adulte ayant son propre chez-lui dans la maison familiale. Il n'est pas normal qu'il pense n'avoir aucun compte à rendre à ses parents. Pol étant encore loin de l'âge adulte, ses parents devraient lui imposer un cadre de vie, et non subir ses sautes d'humeur et son insolence.

# Le but visé

**Tout en respectant l'intimité de leur fils, les parents devraient avoir accès à sa chambre, comme à toute pièce de la maison. Une chambre n'est pas une place forte, et elle ne doit contenir ni télévision ni ordinateur : elle est destinée au repos, pas à l'isolement du reste du monde. Enfin, les parents ne doivent pas appréhender le comportement de leur enfant au point de fuir leur propre maison.**

## Le diagnostic de Super Nanny

Pol se comporte comme un adolescent en crise. Ses parents encouragent sans s'en rendre compte son attitude de rejet et de repli sur lui-même. Lorsqu'ils acceptent, par exemple, qu'il mette un verrou sur sa porte, qu'il installe dans sa chambre télévision, ordinateur et console de jeux, ils ne font que le renforcer dans ses comportements. C'est Pol qui fait la loi à la maison, comme s'il avait des droits d'adulte (mais sans en avoir aucun devoir !).

## Les consignes de Super Nanny aux parents

✔ Les parents de Pol doivent effectuer une reprise en main très décidée.

✔ Ils vont dire et expliquer à Pol que, désormais, ils doivent pouvoir avoir accès à sa chambre, et que celle-ci doit être relativement rangée. On peut tolérer un certain désordre dans une chambre d'enfant, mais elle doit rester accessible.

✔ Dire à Pol qu'il est interdit de manger dans sa chambre. Il mangera à la cuisine, avec ses parents.

✔ Faire des activités avec lui, même s'il rechigne et se plaint.

✔ Enlever de sa chambre télévision et console de jeux.

✔ Limiter la connexion Internet pour éviter qu'il ne se rende sur un certain type de sites, pas vraiment destinés aux enfants...

## La clé du changement

Comprendre que Pol est un enfant et qu'il vit chez ses parents, et non l'inverse. Ce sont les parents qui décident de la vie et de l'espace familial.

# Les objectifs

## Pour les parents

- ✓ Reprendre possession de tout l'espace familial.
- ✓ Ne pas se laisser diriger par les accès de mauvaise humeur de leur fils.

## Pour Pol

- ✓ Se comporter comme un enfant qui fait partie d'une famille, et non comme un ermite.
- ✓ Changer d'attitude envers ses parents.
- ✓ Ranger lui-même sa chambre s'il n'aime pas que sa mère touche à ses affaires.

## Ce qu'il faut absolument éviter

• Accepter passivement l'isolement de Pol en se disant qu'il fait sa crise d'ado et qu'on n'y peut rien. Un ado « en crise » a besoin d'avoir, en face de lui, des adultes qui le remettent à sa place d'enfant.
• Laisser Pol agir et organiser l'espace comme s'il vivait seul.
• Croire qu'il a les mêmes droits que les adultes, et que cela justifie son comportement.

## Que faire s'il continue...

Il faut rester constant et ferme dans ses exigences. On peut envisager la solution de l'internat si la vie familiale est trop difficile pour Pol. Ce peut être un bon compromis : il échappera à ses parents tout en réapprenant à vivre dans un cadre où il ne fera pas ce qu'il veut, où il ne sera pas livré à lui-même.

# Il laisse tout traîner

On peut suivre à la trace Gaëtan, huit ans, dans tout l'appartement, comme on le ferait pour un petit escargot : une chaussette sale dans le salon, un biscuit à moitié mangé sur son lit, une bande dessinée aux toilettes...

## Comment ça se passe

C'est très simple : Gaëtan prend un objet, le transporte d'une pièce à l'autre et l'oublie dans un coin lorsque son attention est attirée par autre chose. Quand on lui demande de ranger, il fait preuve d'une mauvaise volonté caractérisée ; par exemple, il ne trouve jamais de lui-même l'objet qui doit être remis à sa place, alors que la plupart du temps il l'a sous les yeux. Au lieu de ranger ses jouets et ses livres quand ses parents l'exigent, il a tendance à les glisser sous son lit, au grand énervement de sa mère. Une autre de ses tactiques consiste à faire semblant de ne pas entendre ce qu'on lui dit.

### Les conséquences sur la vie de famille

Anne, la maman, est fatiguée de devoir ramasser ce que son fils laisse traîner aux quatre coins de l'appartement. Elle considère qu'il pourrait le faire lui-même. En rentrant du travail, elle n'a aucune envie de passer une heure à rassembler ce que Gaëtan « oublie » de ranger. Par ailleurs, elle souffre du dos et ne peut se baisser aisément, ce qui rend la situation encore plus difficile pour elle.

### En quoi ce n'est pas normal

Ce comportement est habituel chez un enfant de cet âge, surtout s'il est fils unique. Les enfants n'ont pas un sens inné du rangement ; ils comptent volontiers sur les adultes pour le faire à leur place. Cette attitude est facilement modifiable, pour peu que l'on sache rester patient !

## Le but visé

**Gaëtan doit comprendre que sa maman n'est pas à son service ; il peut et doit l'aider, dans la mesure de ses moyens bien sûr. Ramasser ses jouets est tout à fait à sa portée !**

## Le diagnostic de Super Nanny

C'est une situation d'une grande banalité, et il n'y a ici rien de grave ! Patience, fermeté et répétition permettront de régler facilement le problème. Il faut que Gaëtan comprenne que sa maman n'est pas à son service : ranger ses affaires – ou du moins ne pas les laisser traîner n'importe où – fait partie des choses qu'il peut tout à fait mener à bien lui-même.

## Les consignes de Super Nanny aux parents

✔ Expliquer à Gaëtan qu'il ne doit plus répandre ses affaires partout.

✔ Dès qu'il laisse traîner quelque chose hors de sa chambre, l'appeler immédiatement pour qu'il ramasse lui-même.

✔ Si Gaëtan fait mine de ne pas entendre, l'un de ses parents doit aller le chercher et lui répéter très fermement ce qu'il doit faire en le regardant droit dans les yeux.

✔ Interdire la nourriture ailleurs que dans la cuisine.

✔ L'aider à ranger sa chambre « en grand » une fois par semaine.

✔ Le féliciter à chaque fois qu'il fait preuve de bonne volonté et qu'il range ses affaires.

## La clé du changement

Répétition et persévérance sont les maîtres mots du changement dans ce genre de situations ! Lorsque Gaëtan laisse traîner ses affaires dans l'appartement, il faut les lui faire ramasser le plus vite possible, et ce en dépit de sa mauvaise volonté.

# Les objectifs

## Pour Anne

✔ Ne pas « lâcher » son fils jusqu'à ce qu'il obéisse à ses demandes de rangement (en tout cas hors de sa chambre).

## Pour Gaëtan

✔ Cesser de tout laisser traîner n'importe où.

## Ce qu'il faut absolument éviter

• Ranger à la place de Gaëtan sous prétexte que cela prendra moins de temps.

• Essayer de lui inspirer de la pitié pour qu'il range ses affaires. Par exemple, le mal de dos de sa mère n'est pas pour lui un motif très « parlant ». Plutôt que de vouloir attendrir l'enfant, il vaut mieux faire jouer son autorité !

## Que faire s'il continue...

Insister et insister encore, sans abandonner. Il faut que Gaëtan comprenne qu'il aura plus vite fait de répondre à la demande de sa mère que d'essayer de l'avoir à l'usure.

# Elles refusent de ranger leurs affaires

Noémie et Olivia (huit et neuf ans), laissent toutes leurs affaires traîner par terre, et ne les rangent jamais malgré les demandes de leur mère.

## Comment ça se passe

Pour la troisième fois de la journée, Noémie et Olivia décident de se changer. Elles fouillent le placard et font tomber des affaires, qu'elles ne ramassent pas. En protestant, leur mère, Béatrice range les vêtements qui sont par terre. Les filles ont trouvé ce qu'elles cherchaient ; elles enlèvent leurs affaires, qui tombent là où elles peuvent. Leur mère proteste encore, puis ramasse ce qui traîne. Noémie et Olivia cherchent des chaussures assorties à leur nouvelle tenue dans l'armoire de leur mère. En passant, elles renversent la cage du hamster et la paille se répand. Elles ne s'en préoccupent pas. Béatrice s'énerve, leur dit qu'elles vont devoir nettoyer et que si elles ne s'exécutent pas elles n'iront pas au cinéma. Elle apporte une pelle et un balai... et balaye pendant que les filles continuent à semer le désordre partout.

## Les conséquences sur la vie de famille

En laissant ses filles agir comme elles le font, Béatrice risque fort de passer tout son temps à faire le ménage ; elle ne cesse de ranger, de nettoyer et de plier les affaires que les petites sèment un peu partout...

## En quoi ce n'est pas normal

Les enfants n'ont pas d'aptitude naturelle au rangement et ne sont pas dérangés par le désordre. Rares sont ceux qui prennent spontanément soin de leurs affaires. Ce n'est pas une raison pour ne rien exiger d'eux dans ce domaine, à partir d'un certain âge du moins. À huit et neuf ans, Noémie et Olivia peuvent tout à fait ranger elles-mêmes leurs vêtements, sans prendre leur maman pour une femme de ménage. Les enfants n'ont pas à changer de tenue plusieurs fois par jour sans raison valable ; ils doivent s'habiller pour la journée ! Les vêtements ne sont pas des déguisements.

## Le but visé

**Les enfants restent habillés comme ils le sont et ne fouillent pas les placards, à moins que leurs parents ne les aient explicitement autorisés à le faire. Ils rangent ensuite ce qu'ils ont dérangé, sans laisser traîner leurs affaires par terre.**

## Le diagnostic de Super Nanny

Béatrice est beaucoup trop patiente avec ses filles. Elle commet une erreur qu'elle répète plusieurs fois : elle leur demande de ranger ou de nettoyer, ce qui est absolument normal... puis s'empresse de le faire à leur place. Dans ce cas, il est compréhensible que les filles ne changent pas de comportement. Elles savent bien que leur mère prendra les devants et fera elle-même ce qu'elle leur a demandé, alors pourquoi l'écouter et lui obéir ?

## Les consignes de Super Nanny aux parents

✔ Ne plus accepter que ses filles changent de vêtements plusieurs fois par jour.

✔ Ne pas accepter que Noémie et Olivia fouillent et mettent en désordre les placards de la maison.

✔ Leur expliquer que ses affaires à elle relèvent du domaine personnel : Olivia et Noémie n'ont pas à explorer les tiroirs de leur maman.

✔ Les faire ranger ce qu'elles ont laissé traîner.

✔ Ne rien faire à leur place.

## La clé du changement

Béatrice doit être cohérente : quand elle exige quelque chose de ses filles, elle ne doit en aucun cas le faire à leur place.

## Les objectifs

### Pour Béatrice

✔ Tenir bon sur les consignes.

### Pour Noémie et Olivia

✔ Ranger elles-mêmes.

### Ce qu'il faut absolument éviter

- Demander quelque chose aux enfants... puis le faire soi-même.
- Se sentir coupable de demander à ses enfants de ranger.
- Penser que c'est plus vite fait de ranger soi-même.

### Que faire si elles continuent...

Il faudra alors monter d'un cran dans la fermeté : pour cela, Béatrice doit être convaincue du bien-fondé de sa demande. Elle ne doit absolument rien ranger à la place de ses filles, et il faut qu'elle prenne des sanctions si nécessaire : tant que les petites n'ont pas rangé, elles ne sortiront pas de l'appartement. Béatrice peut éventuellement ranger ses propres affaires, sans toucher à celles de ses filles. Pour les encourager, elle peut les aider un peu... mais sans tout faire à leur place.

# les règles de base

## pour les faire participer à la vie et à l'organisation de la maison

1 **Donnez l'exemple à vos enfants.**
C'est la meilleure façon pour eux de comprendre vos consignes, de leur donner du sens !

2 **Demandez-leur de vous aider à des tâches bien précises, en leur expliquant pourquoi.**
Auparavant, vous leur montrerez ce qu'ils doivent faire et la façon de procéder.

3 **L'humour peut être un bon moyen de les intéresser aux tâches ménagères !**
Passer la serpillière en dansant le cha-cha-cha est par exemple un exercice très recommandé !

4 **Donnez-leur des missions adaptées à leur âge et à leurs capacités.**
Par exemple, ce n'est pas la peine de demander à un petit de quatre ans de faire la vaisselle !

5 **Félicitez-les de leur aide lorsqu'ils se montrent de bonne volonté.**
Les enfants aiment beaucoup se sentir utiles et participer à la vie de la famille.

6 **Une fois par semaine, à jour fixe, aidez-les à ranger leur chambre « en grand ».**
Restez près d'eux et sollicitez leur aide en fonction de leurs moyens.

## Principe de base n° 6

# sachez sanctionner !

Il faut le savoir et l'admettre : il n'y a pas d'éducation sans punition.

Dans la grande majorité des cas, les enfants vont tester la volonté éducative de leurs parents. Pour ça, ils ont un moyen en or : se montrer désobéissants. Désobéir, pour un enfant, c'est avant tout le moyen de vérifier que les adultes sont sûrs d'eux et de ce qu'ils attendent de lui. Lorsqu'il transgresse les règles qu'on lui a posées, il doit être sanctionné par ses parents, du moins si ces derniers veulent que leur parole aie du poids.

Punir ses enfants quand ils dépassent les bornes fait donc partie intégrante du rôle de parent. La punition permet de régler rapidement et efficacement une situation qui s'enlise ; elle permet aussi à l'enfant de comprendre que ses parents ne parlent pas en l'air, et qu'ils n'hésitent pas à le sanctionner quand il le mérite. Dernier avantage : si les punitions sont appliquées de façon juste et légitime, elles s'espacent au fil du temps, l'enfant s'arrêtant avant que l'adulte ne passe à l'étape supérieure.

## 1. Assumez !

Une punition n'est ni une explication ni une négociation ; c'est une sanction, ce qui par définition lui donne un caractère désagréable. Il vous faut assumer cette dimension-là sans états d'âme, et ne pas essayer de l'éviter. Certains parents ne punissent pas leurs enfants par peur que ces derniers souffrent ou ne les aiment plus. Lorsque leurs petits sont insupportables, ils préfèrent se lancer dans de longues explications plutôt que de s'opposer fermement à eux. C'est une mauvaise méthode : les enfants sont de plus en plus pénibles pour trouver enfin les limites que leurs parents ne leur posent pas. La punition permet de sortir de ce cercle vicieux. Par ailleurs, les enfants

## → quels sont les comportements à sanctionner ?

- Tout ce qui relève du manque de respect : les insultes, les coups, les désobéissances répétées, les caprices systématiques, les attitudes insupportables au quotidien (cris, hurlements...).
- Tout ce qui relève de la mise en danger d'autrui et de soi-même : l'agressivité physique, les comportements à risques...

# et quand tout va bien?

Il faut punir quand cela est nécessaire, certes, mais il faut aussi complimenter et féliciter un enfant lorsqu'il se conduit bien. Si vous limitez l'attention que vous lui portez aux moments où il est insupportable, il pourrait penser que l'on ne s'intéresse à lui que lorsqu'il est odieux, et continuer à agir ainsi pour avoir votre attention...

savent bien que leurs parents les aiment, et qu'une punition justifiée est une preuve d'intérêt à leur égard. Ils considèrent même qu'un parent qui ne les punit jamais est un parent qui ne s'intéresse pas à eux. Ne redoutez pas de perdre leur affection, en les punissant bien sûr à bon escient.

## 2. Comment punir?

Il faut avoir de bonnes raisons pour sanctionner un enfant (il ne vous obéit pas malgré des avertissements répétés, il vous manque de respect, teste votre autorité...). Une punition n'a de sens que par rapport à une intention délibérée de l'enfant ; sanctionner un petit qui a fait tomber un objet par mégarde n'est pas pertinent. Pour punir de façon légitime, vous devez veiller à ce que l'enfant connaisse les règles et sache quelles seront les conséquences s'il les transgresse.

Après les avertissements d'usage, la sanction doit suivre immédiatement la «faute», quel que soit l'endroit. Si vous attendez pour réagir ou si vous menacez de le punir dans une heure, votre enfant risque fort de ne pas faire le lien entre ce qu'il a fait et votre réaction. Réagir sans tarder et ne pas différer la sanction, telles sont les clés d'une punition efficace.

La sanction consiste le plus souvent à isoler l'enfant, dans sa chambre par exemple, et à ne le laisser sortir que quand vous l'y autorisez. C'est celui qui a puni qui lève la punition : pas quelqu'un d'autre, et encore moins l'enfant lui-même. Si vous êtes dans un lieu public, vous devez réagir fermement au comportement de l'enfant, par exemple lui confisquer quelque chose qui est en rapport avec la faute commise (ballon, patins à roulettes...). L'objet d'un litige qui ne se règle pas entre frères et sœurs peut aussi être confisqué : cela supprimera la cause du conflit.

### 3. Les erreurs à éviter absolument

Ne vous lancez pas dans une longue justification de la punition : votre enfant sait très bien pourquoi il a été puni, puisqu'il a été prévenu avant. La fausse punition, qui consiste à faire semblant de sanctionner l'enfant tout en le consolant, est tout aussi inutile que contre-productive : une maman qui prétend isoler sa fille insupportable au fond du jardin, par exemple, et qui reste auprès d'elle et lui fait la conversation pendant tout le temps de la punition ne l'aidera pas à changer de comportement.

## QUELLES SONT LES RÈGLES ?

### Jusqu'à deux ou trois ans

- Ils ne touchent pas aux objets interdits.
- Ils ne vont pas partout.

### Plus tard

- Les enfants obéissent.
- Ils n'agressent ni physiquement ni verbalement.
- Ils ne hurlent pas à tout bout de champ.
- Ils n'investissent pas l'espace comme s'ils étaient partout chez eux.
- Ils parlent correctement aux adultes.

# t'as pas vu la zapette ?

# Il passe sa vie devant l'ordinateur

Michaël, neuf ans, est accro à l'informatique. Ses parents n'arrivent pas à le restreindre dans ce domaine, et Michaël contourne tous les interdits qu'ils tentent de lui poser.

## Comment ça se passe

Stéphane, le père de Michaël, a créé une entreprise de maintenance informatique et passe lui-même ses journées devant l'ordinateur. Le week-end, lorsqu'il ne travaille pas, il surfe sur Internet et ne lève pratiquement pas les yeux de l'écran. Michaël, qui a un ordinateur dans sa chambre, n'a en théorie pas le droit de surfer seul sur le Web. En réalité, il se connecte dès que les adultes ont le dos tourné et passe des heures à jouer sur l'ordinateur. Pour l'en empêcher, ses parents ont tout essayé : changer les codes de connexion à Internet, enlever le câble alimentation du PC de Michaël... Mais le petit garçon trouve la parade à toutes les ruses : il s'est procuré on ne sait comment son propre câble d'alimentation, ainsi que les codes informatiques nécessaires pour se connecter.

### Les conséquences sur la vie de famille

La communication entre les parents et l'enfant n'est pas des plus riches, et le rapport de forces qui s'est installé autour de l'ordinateur pèse sur la vie familiale. Il semble impossible d'imposer des limites à Michaël. Les soirées des parents sont stressantes car ils doivent régulièrement vérifier que leur fils n'est pas collé devant l'écran. Quand il est pris sur le fait, l'enfant se contente de rire. Ce petit jeu de cache-cache coûte beaucoup d'énergie aux parents et se révèle stérile : Michaël continue à faire ce qu'il veut.

### En quoi ce n'est pas normal

Il n'est pas normal que la vie de la famille soit gérée par l'enfant. On a nettement l'impression que l'ordinateur n'est que le prétexte à un jeu de pouvoir où Michaël mène la danse. L'enfant semble par ailleurs avoir du mal à se limiter : sa fascination pour l'écran l'éloigne de la réalité. Il est anormal qu'un enfant de cet âge ne joue pas avec d'autres enfants.

## Le but visé

**Michaël ne doit pas s'isoler des autres et du réel. Il ne doit pas passer des heures sur son ordinateur, au point d'oublier l'heure des repas et la présence de ses parents.**

## Le diagnostic de Super Nanny

Les parents de Michaël sont incapables de limiter leur fils. Les moyens qu'ils utilisent pour le restreindre dans sa consommation d'Internet (confisquer le câble d'alimentation, changer les codes...) montrent bien qu'ils doivent se rabattre sur des pis-aller techniques au lieu de s'imposer par l'autorité. Il faut dire aussi qu'ils ne donnent guère l'exemple : pour Michaël, rien de plus normal que de passer tout son temps devant un écran, puisque son père le fait !

## Les consignes de Super Nanny aux parents

✔ Enlever impérativement l'ordinateur de la chambre de l'enfant. Un seul poste, à usage familial, suffit largement : à neuf ans, il n'y a pas vraiment d'utilité à avoir un tel objet dans sa chambre.

✔ Prévenir Michaël et lui expliquer que, dorénavant, ses parents vont limiter son temps quotidien de présence devant l'ordinateur.

✔ Se centrer sur leur propre autorité plutôt que d'installer des filtres ou des verrous informatiques, que de supprimer le câble d'alimentation...

✔ Prévoir des activités familiales qui ne se passent pas devant un écran : sorties, visites, discussions, lecture...

## La clé du changement

Les parents de Michaël peuvent lui donner l'exemple en ne passant pas eux-mêmes leur temps devant un écran. Il faut prévoir et organiser d'autres activités.

# Les objectifs

## Pour les parents

- ✔ Limiter le temps passé devant l'ordinateur (que ce soit pour eux ou pour leur fils).
- ✔ Faire d'autres activités avec leur fils (aller à la piscine, faire des promenades, inviter des amis...).

## Pour Michaël

- ✔ Respecter les interdits et les limites posés par ses parents.
- ✔ Faire d'autres activités avec eux.

### Ce qu'il faut absolument éviter

• Les moyens strictement techniques pour l'empêcher de surfer sur Internet. La seule chose qui puisse limiter Michaël dans sa boulimie d'images, c'est le respect de la décision de ses parents (codes et autres artifices ne l'ont jamais empêché de faire ce qu'il voulait).

• Le chantage : « Si tu obéis, tu pourras regarder tel ou tel programme. »

### Que faire s'il continue...

Lui proposer d'autres activités, à faire avec lui. Si on ne lui propose rien, Michaël risque de rester « collé » à son écran. Souvent, les enfants qui connaissent ce genre de dépendance préféreraient faire autre chose.

# Elle regarde trop la télé

Myriam, six ans, est fan de télé. Non seulement elle la regarde très tard, mais ses parents ne sont pas toujours au courant de ce qu'elle voit.

## Comment ça se passe

Myriam passe son temps à zapper, et elle connaît les programmes par cœur. Lorsqu'elle se lève, le matin, son premier geste est d'allumer la télé. Même chose en rentrant de l'école, voire à tout moment de la journée. Il faut dire que la famille possède en tout trois téléviseurs, dont un se trouve d'ailleurs dans la chambre de Myriam. Comme ses parents sont eux-mêmes amateurs, la télévision est allumée quasiment en permanence, même pendant les repas. Les problèmes se posent le soir, lorsqu'il faut aller se coucher : quand ses parents la laissent dans sa chambre, Myriam en profite évidemment pour rallumer le poste. Ses parents se sentent impuissants : s'ils éteignent sa télé, elle se met à hurler ; s'ils la laissent la regarder, elle est fatiguée le lendemain. Par ailleurs, ils ne savent pas trop ce qu'elle a regardé.

## Les conséquences sur la vie de famille

Chacun étant rivé à son écran, il n'y a pas de communication entre Myriam et ses parents. D'autre part, la dépendance de la petite vis-à-vis de la télé pose problème pour son développement : elle arrive fatiguée à l'école et a du mal à se concentrer. Ses parents sont effrayés par ses caprices : ils semblent incapables de la limiter.

## En quoi ce n'est pas normal

Il n'est pas sain de passer tout son temps libre devant la télé. Myriam va avoir du mal à penser que l'on peut faire autre chose de sa vie que de rester collée à un écran. Par ailleurs, elle regarde sans doute des émissions qui ne sont pas de son âge, et qui pourraient la traumatiser.

## Le but visé

**Les parents doivent décider de ce que leur enfant regarde à la télévision, et de combien de temps il passe devant l'écran. Un petit de six ans ne devrait avoir accès qu'à des émissions pour enfants, et non à tous les programmes ; il a beaucoup mieux à faire que de rester passif à avaler des images plusieurs heures par jour. Que les petits tentent de négocier est tout à fait normal, mais ce sont les parents qui doivent poser les conditions...**

## Le diagnostic de super Nanny

Le problème, dans cette famille, c'est que les parents de Myriam ne lui donnent pas vraiment l'exemple ! Regarder la télévision pendant les repas n'est pas très conseillé : la communication entre les membres de la famille ne peut pas avoir lieu. Il est urgent de réagir, pour que la vie des différentes personnes soit plus riche et pour que Myriam apprenne que la télé n'est qu'un moyen parmi d'autres de se distraire.

## Les consignes de super Nanny aux parents

- ✔ Expliquer à leur fille que les règles familiales concernant la télé vont changer.
- ✔ Enlever impérativement le poste de la chambre de Myriam.
- ✔ Fixer une heure avant laquelle il est formellement interdit d'allumer la télé le matin (9 h 30, par exemple).
- ✔ Interdire la télé pendant les repas.
- ✔ Sélectionner les programmes intéressants pour Myriam et ne regarder que ceux-là ; éteindre le poste dès qu'ils sont terminés.
- ✔ Rester près de l'enfant lorsqu'il regarde la télé, qu'il ne se sente pas seul.

## La clé du changement

Ce sont les parents qui doivent maîtriser la « consommation » familiale en matière de télévision. Ils doivent apprendre à éteindre le poste, sans céder aux caprices de Myriam.

## Les objectifs

### Pour les parents

- ✓ Restreindre leur propre consommation télévisuelle, en sélectionnant ce qu'ils regardent.
- ✓ Fixer des limites à leur fille sans avoir peur de ses réactions.

### Pour Myriam

- ✓ Ne pas passer plus d'une heure et demie par jour devant la télé.
- ✓ Arriver à ne regarder que ce qui l'intéresse, et non pas le tout-venant.

### Ce qu'il faut absolument éviter

Continuer à regarder la télévision de façon permanente tout en prétendant en limiter l'accès à leur fille. Il faut que tous, dans la famille, suivent les mêmes règles pour que Myriam en comprenne le sens.

### Que faire si elle continue....

Lui proposer des activités en extérieur ou inviter des amis : souvent, les enfants se passent bien plus facilement qu'on ne le pense de la télévision. Il suffit de leur proposer autre chose pour qu'ils s'en détournent.

# les règles de base

## → pour qu'ils ne soient pas accros à la télé et aux jeux vidéo

1 **N'installez pas de télé ou d'ordinateur dans leur chambre.**
Cela vous simplifiera énormément la gestion de l'écran !

2 **Ayez vous-même d'autres activités que la télé ou l'Internet.**
Ainsi, vous leur montrerez qu'une autre façon de se distraire ou de se cultiver est possible !

3 **C'est vous qui décidez du programme télé et des jeux à acheter.**
N'acceptez jamais l'acquisition d'un jeu que vous n'approuvez pas.

4 **Faites attention à ce qu'ils regardent.**
Expliquez-leur qu'il y a des programmes pour les enfants, et que les autres ne leur sont pas destinés.

5 **Définissez des « heures télé ».**
Vous pouvez fixer une certaine heure à partir de laquelle un enfant peut allumer la télé, et déterminer une durée quotidienne de temps passé devant le petit écran.

6 **Pas de télé le matin avant d'aller à l'école.**
Les dessins animés sont une distraction que l'on peut autoriser après une journée bien remplie. Commencer sa journée par une distraction, en revanche, ne dispose pas à la concentration.

7 **Vidéos et DVD sont une bonne façon d'utiliser intelligemment l'écran.**
C'est vous qui décidez du programme et de l'heure, sans les priver pour autant de leur « drogue » préférée !

# vive l'école !

# Elle refuse de faire ses devoirs

Natacha, huit ans, ne travaille que pour les disciplines qu'elle aime. Malgré la pression parentale, elle ne fait pas ses devoirs, qui sont pour elle une véritable corvée.

## Comment ça se passe

Pendant que Natacha prend son goûter, sa mère, Barbara, lui demande si elle a eu des notes et si elle a des devoirs à faire. Elle envoie ensuite la petite dans sa chambre en lui demandant de se mettre au travail. Elle reçoit de la visite, et prépare le repas en discutant avec ses amis. De temps en temps, sans se déplacer, elle demande à sa fille où elle en est ; celle-ci répond de loin qu'elle n'y arrive pas. Après quelques échanges de ce type, Barbara demande à sa fille de lui montrer son cahier. Natacha, les larmes aux yeux, dit qu'elle n'a rien fait parce qu'elle n'a rien compris. Énervée, sa mère la renvoie dans sa chambre et lui précise qu'elle n'en sortira qu'après avoir fait ses devoirs. La scène se répète plusieurs fois ; la tension monte, jusqu'à ce que la petite fille soit punie et privée de repas. Elle n'a toujours pas fait ses devoirs.

## Les conséquences sur la vie de famille

Le climat qui règne au sein de la famille pendant les périodes scolaires est fortement marqué par ces tensions. Les parents de Natacha, et en particulier sa maman, rencontrent régulièrement l'institutrice, auprès de qui ils se plaignent de leur fille. Ils pensent tous deux qu'elle est en situation d'échec scolaire, et envisagent de la mettre dans une école privée aux méthodes pédagogiques alternatives. Apparemment, elle n'est pas faite pour suivre une scolarité classique, malgré ses qualités intellectuelles.

## En quoi ce n'est pas normal

Ici, contrairement aux apparences, la situation est plus difficile à vivre pour la petite fille que pour ses parents : son cas est constamment évoqué par sa mère devant de tierces personnes, elle a une réputation de cancre et d'inadaptée scolaire, les punitions qui lui sont infligées par ses parents doivent être autant d'épreuves pour elle. Le reste de la famille vit dans la hantise de ces moments de stress quotidiens.

## Le but visé

**Natacha doit faire ses devoirs sans traîner. L'école, les notes et le travail scolaire ne doivent pas être constamment évoqués, que ce soit au sein de la famille ou auprès d'amis.**

## Le diagnostic de Super Nanny

La façon dont on demande à Natacha de faire ses devoirs est inappropriée : sa mère lui réclame sans arrêt des comptes, sans l'aider ou la soutenir par sa présence. Elle « vérifie » uniquement par la voix, sans se déplacer pour constater par elle-même où en est la petite fille dans son travail scolaire. La paresse de Natacha devient alors une « affaire » qui dépasse le cadre de la famille (Barbara en parle à l'institutrice, mais aussi à ses amis...), sans qu'une solution semble possible. Il faut que ses parents soient davantage présents lorsqu'elle fait ses devoirs, au lieu de se contenter d'exiger des résultats tout en la laissant se débrouiller seule avec son travail.

## Les consignes de Super Nanny aux parents

✔ Ne plus évoquer systématiquement le « problème » de Natacha devant des tiers.

✔ Rester près d'elle physiquement pendant qu'elle fait ses devoirs au lieu de l'isoler dans sa chambre en lui ordonnant de se mettre au travail.

✔ Lire avec elle ce qu'elle doit faire, et le lui expliquer calmement si elle ne le comprend pas.

✔ Une fois qu'elle a terminé son travail (un des parents sera resté près d'elle pendant ce temps-là), lui faire réciter ses leçons, tranquillement et sans s'énerver si elle ne les sait pas.

## La clé du changement

Les parents de Natacha, notamment sa mère, doivent se montrer vraiment attentifs à la vie scolaire de leur fille en restant auprès d'elle pendant qu'elle fait ses devoirs.

# Les objectifs

## Pour les parents

- ✔ Cesser d'entretenir un climat de tension autour des résultats scolaires de leur fille.
- ✔ Être présents et attentifs à la vie scolaire de Natacha, sans lui infliger de pression et sans la culpabiliser si elle ne réussit pas à améliorer rapidement ses notes.

## Pour Natacha

- ✔ Se « débarrasser » de sa réputation de cancre.
- ✔ Parvenir à améliorer ses résultats scolaires.

## Ce qu'il faut absolument éviter

• Les menaces (« Si tu continues comme ça, tu finiras à la rue ! ») et les punitions exagérées, qui ne la motiveront pas et qui, au contraire, risquent de la bloquer complètement.

• Le chantage : « Si tu fais tes devoirs ce soir, je t'offrirai une poupée demain après l'école. »

• Les comparaisons avec d'autres enfants (« Regarde comme ta copine Laure travaille bien, elle ! »), qui vont la complexer inutilement.

## Que faire si elle continue...

Si le problème persiste, pourquoi ne pas faire appel à une personne qui viendrait une heure chaque soir pour faire faire ses devoirs à Natacha ? Si sa mère n'a pas le temps, quelqu'un d'autre peut le faire.

# Il se comporte très mal à l'école

Arnold, sept ans, est un enfant apparemment charmant. Pourtant, son comportement pose problème à l'école : insultes, coups, manipulation...

## Comment ça se passe

Clarisse est encore convoquée par la directrice : hier, son fils a insulté une institutrice ; d'autre part, le petit profite de sa séduction pour attirer les autres avant de les frapper, et on a retrouvé 50 euros dans sa trousse, « offerts » par des enfants à qui il avait raconté que ses parents le privaient de cadeaux à Noël. Bref, Arnold manipule, ment et se montre violent sous des airs angéliques. Y a-t-il des problèmes à la maison ? Clarisse est sur la défensive : son fils a de très bons résultats scolaires, et c'est ça le plus important à l'école. Quelques semaines plus tôt, la directrice avait demandé à rencontrer le père, qui s'était abstenu car il n'aime pas l'institution scolaire. Pour lui, son fils n'a pas de problèmes, ce sont les instits qui en ont. Venu à la place du père, le grand-père avait pris la défense d'Arnold, privé de sortie scolaire : s'il ne va pas au zoo avec l'école, ce n'est pas grave, il l'y emmènera.

## Les conséquences sur la vie de famille

Si un enfant montre des problèmes de comportement dans la cour, il en a sans doute aussi à la maison. Les parents d'Arnold prétendent le contraire ; pourtant, ils appréhendent les demandes perpétuelles et les crises de l'enfant : il refuse de faire plus de 300 mètres à pied, de se coucher avant les adultes, il veut toujours avoir raison... Pour échapper à la pression, ses parents l'envoient dormir au moins deux fois par semaine chez ses grands-parents.

## En quoi ce n'est pas normal

Racketter ses copains et les séduire pour mieux les frapper sont des actes inquiétants (surtout chez un enfant de cet âge), qui ne doivent pas être masqués par de bons résultats scolaires. Il n'est pas normal que des parents se « débarrassent » de leur enfant en l'envoyant chez ses grands-parents ; être parent ne se délègue pas à d'autres adultes.

## Le but visé

**Arnold doit arrêter de manipuler enfants et adultes. Ses parents n'ont pas à toujours lui trouver des excuses. Il faut aussi qu'ils assument leur rôle en cessant de l'envoyer chez ses grands-parents : ils ont la responsabilité de l'enfant, ils doivent l'éduquer.**

## Le diagnostic de Super Nanny

Arnold est dans une situation où il n'a pas vraiment de repères : ses parents le punissent sans le punir, ils justifient son attitude alors que celle-ci est indéfendable et ils décrédibilisent volontiers le monde des adultes et l'école. En agissant et en parlant ainsi, ils se comportent plus comme des adolescents que comme des adultes. Par ailleurs, ils ne partagent aucune activité avec leur fils à cause de l'attitude de ce dernier. D'une façon générale, ils lui laissent croire qu'il a raison contre tous, et que rien de ce qu'il fait n'est condamnable.

## Les consignes de Super Nanny aux parents

- ✔ Cesser d'envoyer Arnold deux nuits par semaine chez ses grands-parents. Ceux-ci n'ont pas à tenir le rôle des parents.
- ✔ Le prévenir que, désormais, ils attendent un changement de comportement de sa part, notamment envers les autres.
- ✔ Le punir dès que son comportement est inadmissible, et appliquer immédiatement la sanction.
- ✔ S'il est puni à l'école pour des comportements agressifs, accepter et approuver la punition : les instituteurs ont raison, on n'insulte pas les gens et on ne les frappe pas.
- ✔ Ne pas adoucir une punition au dernier moment. Appliquer exactement ce qui a été prévu.
- ✔ Partager des activités avec lui, activités choisies et décidées par les parents.

## La clé du changement

Les parents d'Arnold doivent se comporter en adultes qui acceptent les contraintes liées au fait d'avoir un enfant, et qui font bien la différence entre adultes et enfants.

# Les objectifs

## Pour la mère

- ✔ Ne pas avoir peur de sanctionner son fils quand son comportement le justifie.
- ✔ Prendre sa place d'adulte et de mère.

## Pour le père

- ✔ Prendre sa place d'adulte qui éduque un enfant au lieu de se comporter en grand frère qui lui passe tout.
- ✔ Ne pas prendre la défense d'Arnold lorsque celui-ci est mis en cause.

## Pour les grands-parents

- ✔ Accepter de prendre de la distance avec leur petit-fils pour que ses parents puissent jouer vraiment leur rôle de parents.

## Pour Arnold

- ✔ Respecter adultes et enfants.

## Ce qu'il faut absolument éviter

- Les discours du type : « Mon fils a de bons résultats scolaires, il peut se permettre des écarts de comportement. » Ce sont deux choses distinctes, sans rapport entre elles.
- Excuser ses comportements problématiques.
- Rejeter la faute sur les autres (l'école, les instituteurs, la société...).

## Que faire s'il continue...

Les parents d'Arnold doivent reconnaître que le comportement de leur fils pose problème. L'enfant n'a aucune raison de changer d'attitude tant que ses parents considèrent qu'il n'est jamais en tort...

# les règles de base

## pour qu'ils réussissent leur vie scolaire

1. **Suivez la scolarité de votre enfant.**
Allez voir l'enseignant en début d'année pour vous présenter, puis prenez rendez-vous s'il y a un problème.

2. **Lorsque votre enfant fait ses devoirs, restez auprès de lui.**
Si vous ne le pouvez pas, vérifiez que le travail est fait.

3. **Dans l'absolu, exigez que les devoirs soient faits.**
Il n'y a aucune raison valable pour qu'ils échappent à la loi commune.

4. **Ne dénigrez pas les enseignants et l'école.**
Si vous montrez du mépris pour l'école, les enfants auront du mal à éprouver autre chose envers cette institution.

5. **Faites a priori confiance aux instituteurs.**
Ils sont bien placés pour remarquer ce qui ne va pas.

6. **N'accablez pas vos enfants de reproches si leurs bulletins ne sont pas exemplaires.**
En leur disant qu'ils feront mieux la prochaine fois, vous leur donnerez confiance en eux-mêmes.

7. **Ne les comparez pas à leurs camarades d'école,**
que ce soit dans un sens ou dans l'autre.

8. **Félicitez-les toujours lorsqu'ils ont progressé scolairement.**
Il faut toujours valoriser leurs efforts lorsqu'ils se sont donnés du mal pour progresser. Le mérite doit être récompensé !

9. **Ne prenez pas partie dans les démêlés entre enfants.**
Les disputes permettent aux enfants de se socialiser, et se règlent souvent d'elles-mêmes. Ce sont des histoires d'enfants, pas d'adultes !

Principe de base n° 7

# soyez adulte !

Ce sont les adultes qui décident de la vie quotidienne et des activités de la famille, et non l'inverse.

Voilà une vérité que beaucoup de parents semblent avoir oubliée ! Certes, un enfant est une personne et il doit être respecté pour cela, mais ça ne veut en aucun cas dire qu'il faille satisfaire tous ses désirs ou le laisser faire ce qu'il veut.

Voir des adultes a priori sains d'esprit laisser leur enfant décider du menu des repas, des vêtements qu'il porte et du programme de sa journée est fort étrange. C'est le meilleur moyen de perdre des heures en discussions, et ce pour rien. Un enfant doit être pris en charge par ses parents, même si cela ne lui convient pas toujours ; soyons honnêtes d'ailleurs, cela lui convient rarement...

## 1. N'abdiquez pas !

Ce n'est pas parce qu'ils « chougnent » à la moindre de vos idées de sortie que vous devez céder et renoncer à ce que vous avez prévu de faire. Si vous lâchez prise, même occasionnellement, vous vous préparez des jours difficiles : votre vie quotidienne risque de devenir une longue suite de négociations stériles, d'où vous sortirez toujours perdants. Les enfants ont bien le temps de devenir adultes et de prendre des décisions par eux-mêmes. En attendant, vous êtes l'adulte et, en tant que tel, c'est à vous de décider de ce qui doit être fait. Cela se révèle particulièrement vrai pendant les vacances, période de temps libre au cours de laquelle toute la famille se retrouve. Avez-vous vraiment envie de passer vos congés aux ordres de petits tyrans qui décideront à votre place de votre emploi du temps et de ce que vous allez manger à midi ? Pour éviter d'en arriver là, il suffit de respecter quelques principes simples.

**➜ à retenir**

**Les adultes sont les adultes, les enfants sont les enfants. Et les deux ne sont pas au même niveau. Votre vie et celle de vos enfants sera considérablement simplifiée si cette hiérarchie est respectée.**

# Les parents-copains : une mauvaise idée…

Parents et enfants n'ont pas à « copiner ». Pour cela, il y a les camarades de classe, qui, eux, ont le même âge et les mêmes préoccupations. Un enfant peut difficilement se sentir rassuré par un adulte qui se met au même niveau que lui. Agir ainsi est une forme de refus d'assurer ses responsabilités parentales.

## 2. Posez les bases

- Ce sont les parents qui décident de l'organisation de la vie quotidienne et de tout ce qui concerne les enfants.
- Les récriminations diverses des enfants face aux décisions des adultes ne doivent en aucun cas modifier ce qui a été décidé par ces derniers.
- Pas de négociations d'égal à égal entre parents et enfants, qu'il s'agisse des vêtements à mettre pour la journée, de la composition des repas ou des activités.
- Évitez tant que faire se peut tout ce qui ressemble à du chantage (« si tu es sage, je t'achèterai une glace »)…

Une fois que les enfants ont compris ce mode de fonctionnement, la vie de la famille se trouve considérablement simplifiée. Comme ils savent par expérience que vous faites ce que vous avez décidé de faire – et non ce qu'ils veulent faire, eux –, ils insisteront beaucoup moins longtemps pour tenter de vous faire changer d'avis.

## 3. Vous avez une vie à vous

Le problème des familles dans lesquelles les enfants décident de tout est que les parents n'ont plus aucune vie privée. Aux ordres des moindres désirs de leur progéniture, ils n'ont pas une minute à eux et sacrifient leur propre épanouissement. Leurs enfants, par ailleurs, habitués à tout régenter, ne comprennent pas que leurs parents ont une vie indépendamment d'eux et se montrent très possessifs. Il faut dans ce cas remettre impérativement les pendules à l'heure : chacun doit rester à sa place et ne pas confondre les rôles. Dans cette optique, tous les comportements qui visent à confondre les générations sont à bannir. Un enfant ne parle pas à un adulte, et à plus forte raison à ses parents, comme à un copain ; il n'appelle pas ses parents par leurs prénoms et n'ont pas à se mêler de leur intimité. Savoir que les rôles sont répartis de cette façon rassure les enfants. Et cela vous permet d'avoir une vie privée : en somme vous avez le droit et le devoir de vivre normalement et non pas sous la dictature de vos bouts de chou !

## ▶ RÉSUMÉ

**▶ Éduquer ses enfants ne veut pas dire les subir.**

Pour cela, vous devez toujours leur rappeler quelle est leur place lorsqu'ils ont tendance à l'oublier.

test

# avez-vous progressé ?

Si vous répondez oui, notez le signe (+ ou –) auquel renvoie votre réponse.

Si vous obtenez plus de signe + que –, bravo, vous êtes sur la bonne voie !

- ➜ Ressentez-vous une appréhension particulière lorsque vient l'heure de les coucher ? –
- ➜ Dorment-ils sans problème dans leur lit, sans chercher à venir dans le vôtre ? +
- ➜ Le « bisou du soir » est-il encore compliqué (vous devez chaque soir faire plusieurs allers et retours entre leur chambre et le salon) ? –

- Passez-vous un petit moment avec eux à lire au moment du coucher? +
- Les couchez-vous toujours à peu près à la même heure? +
- Leur faites-vous un menu à part? –
- Si votre enfant refuse de manger ce que vous avez préparé, lui préparez-vous autre chose? –
- À table, pouvez-vous discuter entre adultes sans être gênés par les interventions de vos enfants? +
- Restent-ils à table sans se lever de façon intempestive? +
- Les laissez-vous grignoter entre les repas? –
- Vous parlent-ils comme à un copain? –
- Avez-vous l'impression qu'ils ne vous prennent pas au sérieux lorsque vous les grondez? –
- Avez-vous du mal à les punir, même si vous pensez qu'il faut le faire? –
- Devez-vous leur répéter vingt fois la même chose avant qu'ils obtempèrent? –

- Avez-vous l'impression qu'ils vous mènent par le bout du nez ? –
- Savez-vous rester zen lorsqu'ils font un caprice ? +
- Faites-vous ce que vous dites ? +
- Dites-vous ce que vous faites ? +
- Savez-vous couper court aux négociations ? +
- Leurs disputes pèsent-elles sur le climat familial ? –
- Cherchez-vous toujours à savoir qui a commencé ? –
- Passez-vous autant de temps avec chacun de vos enfants ? +
- Vivez-vous dans l'angoisse constante de l'accident domestique ? –
- Leur avez-vous expliqué les dangers de la maison et ce qu'ils ne doivent pas faire ? +
- Les félicitez-vous lorsqu'ils font preuve de prudence ? +
- Prennent-ils leur bain séparément ? +
- Le bain est-il un vrai moment de calme et de détente pour eux ? +

- Mettent-ils leur linge au sale (à partir de cinq ans)? +
- Se savonnent-ils tout seuls (à partir de quatre ou cinq ans)? +
- Débarrassent-ils leur assiette après le repas? +
- Laissent-ils leurs habits traîner par terre? –
- Vous aident-ils à ranger leur chambre (à partir de cinq ou six ans)? +
- Ont-ils une télévision ou un ordinateur dans leur chambre? –
- Éteignent-ils facilement la télé lorsque vous le leur demandez? +
- Faites-vous attention à ce qu'ils regardent? +
- Vous imposent-ils leurs programmes? –
- Font-ils d'eux-mêmes leurs devoirs? +
- En cas de problèmes à l'école, donnez-vous a priori raison à votre enfant? –
- Pensez-vous que vos enfants doivent être les meilleurs à l'école? –
- Vos enfants vous apportent-ils de grands moments de joie? ++++

Dépôt légal : mars 2006
23-25-7126-8/01
ISBN : 2-01-23-7126-4
Achevé d'imprimer en Italie par Rotolito Lombarda